歴史文化ライブラリー
605

采女《うねめ》 なぞの古代女性

地方からやってきた女官たち

伊集院葉子

吉川弘文館

目　次

采女の「貢」とは何だったのか

海を渡る采女

東アジアの女郎と采女

『天寿国繡帳』の采女と大女郎

1　幽玄の采女像

幽玄の采女像――プロローグ

仲秋の名月の夜、私は奈良市の猿沢池《さるさわ》の畔の雑踏のなかにいた。

古代の采女《うねめ》の悲恋物語に着想した采女祭が挙行されていたのである。祭の下地になった物語は、宮廷に仕えていた采女が、帝の一度きりの召しののち、かえりみられなかったことを憂えて猿沢池に入水自殺したというものである。物語は、平安時代なかごろに成立した歌物語『大和《やまと》物語』に「猿沢の池」と題しておさめられている。池の畔に小さな采女神社が建ち、現在は春日大社の末社となっている。

その夜は、地元の住民だけではなく、私が言葉を交わしただけでも、大阪、京都、愛知、神奈川、福島、台湾など国内外から集まった観光客が、采女たちを乗せた管絃船が猿沢池

図１　采女祭の管絃船（采女祭保存会提供）

をゆっくりと回遊する祭に魅入っていた。人々の視線の先にあるのは、幽玄の采女像である。

観客たちに采女について問うと、「天皇のお召しがなくなって入水した、奈良時代の女官《にょかん》ですよね」という回答が一律に返ってきた。それは祭の主催者（采女祭保存会）が配ったチラシをなぞった言葉だった。ふと、若い会話が背後で聞こえた。「采女って何」「……修道女？」。振り向いて彼女たちを追ったが、人混みのなかに見失ってしまった。神事とのつながりを念頭に「修道女」のイメージをもったのだろうか。

采女は、律令で定められた女官である。地方の行政組織である郡《ぐん》から、上級の役職である長官（大領《だいりょう》）・次官（少領《しょうりょう》）の姉妹または娘が選ばれて都に赴き、朝廷に仕えた、地方エリート層出身の女性だった。条件は、形容端正であることと、一三歳以上三〇歳以下であること。これは出仕時点での年齢で、定年はないため、生涯現役で働くこともできる。また、親や自身の病気などを理由に退任も可能であった。采女を選ぶのは、中央から任命されて赴任して来た国司《こくし》である。出仕者が決まると、采女の名簿は天皇にまで報告された。藤原氏など中央の大貴族女性ほどの出世は難しかったが、才覚と能力次第では、女官組織の管理職にもなれた。

以上の仕組みは、律令制が整ったあとのものである。それ以前に国家の法に基づく統一的な制度として「采女」制が登場するのは、大化元年（六四五）の乙巳《いっし》の変後の改革（大化改新）のなかである。そのときに、地方からの形容端正な女性の出仕制度が定められた（『日本書紀』大化二年正月甲子朔条）。この時点で年齢規定があったのかどうかは伝えられていない。これが、律令制度としての采女の前身である。

しかし、現代の人々の心を捉えている采女は、そのさらに昔の『日本書紀《にほんしょき》』『古事記《こじき》』に描かれた女性像のようである。本書では、歴史書に姿をみせる采女を追いかけていきたい。『万葉集《まんようしゅう》』の采女については、後半の「東アジアの女郎と采女」「采女の虚像と実像」の各章で触れることになるだろう。なお、今日にいたるまで、ウネメの語源は不明である。江戸時代の国学の大家が知恵をしぼっても諸説林立で、今日にいたるまで決定打をみない、それほど謎めいた存在なのである。

采女の「姧」と雄略天皇

胸方神への派遣と「姧」

『日本書紀《にほんしょき》』では、采女《うねめ》を「姧《かん》」した男が死を宣告される事件が繰り返し語られる。

天皇の使節となった采女

雄略《ゆうりやく》天皇九年二月の事件は、その典型例である。主役は、筑紫の胸方《むなかた》神社に派遣された采女と、凡河内直《おおしこうちのあたい》香賜《かたぶ》の二人。采女の名は不詳である。

九年春二月甲子朔、凡河内直香賜と采女とを遣して、胸方神《むなかたのかみ》を祠《まつ》らしめたまう。香賜と采女と、既に壇所《かんにわ》に至り、事を行わんとするにいたりて、其の采女を姧《おか》す。天皇、聞《きこ》しめして曰《のたま》わく「神を祠りて福《さきわい》を祈ることは、慎まざるべけんや」とのたまう。すなわち難波日鷹吉士《なにわのひたかのきし》を遣して、誅さしめんとしたまう。時に香賜、即ち逃げ亡せてはべらず。天皇、また、弓削連豊穂《ゆげのむらじとよほ》を遣して、あまねく国内の県に求めて、遂に三島郡の藍原《あいのはら》にとらえて斬らしむ。（『日本書紀』雄略天皇九年二月甲子朔条）

雄略天皇は、凡河内香賜と采女を遣わして、胸方神を祠らせた。香賜は神域に入り、まさに神事をおこなうときに采女を姧した。天皇はこれを聞いて「神を祠って福を祈るときには、身を慎むべきではないか」といい、難波日鷹吉士を送って香賜を誅殺させようとした。ところが香賜は逃亡してしまう。天皇は、弓削連豊穂を遣わし国のすみずみまで探させて、ついに三島郡の藍原で捕らえ、斬らせた。以上が顚末である。

胸方神は、九州地方北部の胸方、および玄界灘《げんかいなだ》に浮かぶ沖ノ島と大島にわたる大社（現在の宗像《むなかた》大社）である。九州から対馬を経て朝鮮半島に渡るルート上に位置する、海上交通の要衝にあった。応神《おうじん》天皇の時代には、呉から倭国《わこく》に渡来し大王宮をめざした衣縫女《きぬぬいめ》の一部が、胸方神に奉仕するためにその地に留まったという伝承も残されている（応神天皇四十一年二月是

図2　天皇系図

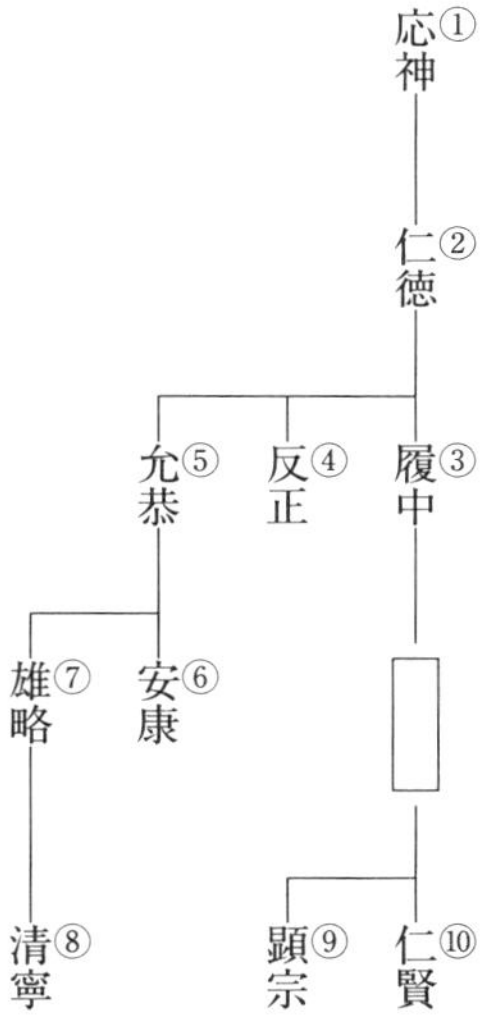

（注）丸数字は『日本書紀』に記された即位順

月条）。倭国とアジア諸地域を往来するとき、重視すべき要地であり、海上交通の安全をつかさどる海神だった。

この事件は、采女を「姧」した男が天皇の怒りをかって誅殺されたという筋立てから、采女の性が天皇に独占されていた証拠として捉えられてきた。

しかし、それでは雄略は、たんなるヤキモチやきの暴君にすぎないではないか。『日本書紀』を注意深く読むと、別の真相がみえてくる。

采女への「姧」は叛逆？

采女を天皇に性的に奉仕する存在だとする説は、二〇世紀の前半に遡る。たとえば、民俗学の折口信夫《おりくちしのぶ》は、古代の宮廷社会に生きる女性すべてを「巫女」だとし、そのなかに采女を含めた。その説によると、采女の役割は、神への酒などの供進とともに、神の降臨の夜に侍り、神を接待することだという。折口は、凡河内香賜の誅殺は、雄略が胸方神に賜った采女を「犯」したために引き起こされたと理解した（折口信夫「宮廷儀礼の民俗学的考察—采女を中心として—」）。神との性的な関係を強調した折口説は長く影響力をもった。天皇の代替わり神事である大嘗祭《だいじょうさい》のたびに、天皇と采女との関係に好奇の目が向けられるのも、その影響のなごりである。

歴史学の世界では、大化前代の服属儀礼を検討するなかで、地方から「捧げられた」女性と天皇との一夜婚が説かれ、ひととき、学界を席巻した。稲の収穫祭である新嘗祭《にいなめさい》で、地方の「国造的豪族層から〝人質〟として貢進される采女」によって、諸国の御酒・御饌が供進されたという。加えて、采女や地方豪族の女子は「どうも食饌を奉るためだけに天皇の許に差出されたのではなかったようである」として、新嘗の日の服属儀礼で、地方から貢上された采女と神の資格をもつ天皇との「聖婚」がおこなわれたと考えられた（岡田精司『古代王権の祭祀と神話』、同『古代祭祀の史的研究』）。

采女は、服属の証として地方豪族から献上された女性であり、その性も含めて天皇に独占されていたため、采女との性関係は断罪され、男性は処刑されたのだと説明されてきたのである。とはいえ、一方で采女への「姧」の断罪の理由を、天皇による采女の性の独占にもとめる考えは、早くから疑問視されてもきた。

神事でのタブーと「姧」

たとえば、香賜と采女は神を祠るために胸方へ派遣されたことから、香賜への処罰の理由を神事との関わりに求める視点があった。神事での種々のタブーのうち、性のタブーは重要であり、それに違犯したため香賜は罰せられたというわけである（日本古典文学大系『日本書紀』上、四八〇頁、頭注一）。つまり、相手が采女であろうとなかろうと、神事の場（神域）で性行為に及べば、処罰されたのである。

物忌女への「姧」

神事の際のタブーについて、時代は降るが平安時代の法規定がある。それを読むと、宗教儀礼はいかにあるべきと考えられたのかがよくわかる。

平安朝の桓武《かんむ》天皇の時代に、祭祀挙行時の違犯に科す祓《はらえ》（財産刑）を定めた太政官符《だじょうかんぷ》が出された。「大忌《おおいみ》祭、風神《かぜのかみ》祭、鎮花《はなしずめ》祭、三枝《さいぐさ》祭、鎮火《ほしずめ》祭、相嘗《あいなめ》祭、道饗《みちあえ》祭、平野《ひらの》祭、園韓神《そのからかみ》、春日《かすが》等祭事を闕怠《けたい》し、物忌《ものいみ》、戸座《へざ》、御火炬《みひたき》を殴し、物忌女を姧し、及び穢悪《わいお》の事に触れ御膳所に預からば（中略）中祓《ちゅうばらえ》を科すべし」（『類聚三代格《るいじゅさんだいきゃく》』延暦二十年〈八〇一〉五月十四日太政官符）というものである。大忌祭から道饗祭までは、律令（神祇令《じんぎりょう》）で定められた国家の祭祀である。平野祭以下は、平安時代以降に、朝廷から使者を派遣する行事として公的な性格を帯びた祭である。「物忌、戸座、御火炬」と「物忌女」は、祭祀を挙行する人々である。

違犯した官人には、祭祀の規模や軽重に応じ、大祓、上祓、中祓、下祓という四種の祓が科された。「物忌女」への「姧」の罰は中祓で、徴収される料物は、刀子《とうす》一枚、木綿一斤、麻一斤以下の二二種だった。大祓は馬一疋、大刀二口、弓二張、矢二具、刀子六枚以下の二八種、上祓は大刀一口、弓一張、矢一具、刀子二枚以下の二六種、下祓は刀子一枚、木綿六両、麻六両以下の二二種で、だんだんと少なくなっている。

斎宮宮中の和姧

平安時代には、伊勢斎宮の宮中男女の性関係にも祓が科された。中祓の対象となる罪状に、斎宮寮の寮官諸司と宮中の男女の「和姧密婚」が含まれていた（延喜斎宮式95密婚条。写本によっては「私姧密婚」と表記）。この規定は、先にみた延暦二十年太政官符の「姧物忌女」に相応するという。密婚条は、斎宮の神聖性に関わる種々の規定の一つとみなされている。ここには、斎王の神聖性とともに、斎宮が斎戒《さいかい》の場、つまり、心身を清め慎むべき場所であることがよく示されている（岡田重精『古代の斎忌』）。

平安時代のタブー観を、そのまま律令制前の列島社会に敷衍《ふえん》することには慎重でなければならないが、やはり、斎戒の場での犯姧は忌避されるべきものだった（岡田重精『古代の斎忌』）。このため、香賜は断罪されたのである。

新羅親征への祈り

『日本書紀』には、采女の「姧」記事はほかにもあるが、処刑にいたるのは香賜だけである。ここには、神事のタブー侵犯にとどまらない事情があるようである。雄略天皇九年二月条に続いて、三月条には次の記載がみえ、香賜の犯した罪の重大さが、派遣の目的との関連で明らかにされる。

> 三月に、天皇、みずから新羅《しらぎ》を伐たんと欲す。神、天皇に戒めて曰わく、「な往《いま》しそ」とのたまう。天皇、是によりて、いでますことを果したまわず。（『日本書紀』雄略天皇九年三月条）

雄略天皇は、中国南朝の宋に使節を送り朝貢した倭の五王の最後の一人、倭王武である。

その在位は五世紀後半。倭の王たちがめざしたのは、朝鮮半島南部で軍事的な優位を確保することだった。『宋書』倭国伝には、四七八年の倭王武（雄略）の遣使・上表《じょうひょう》の記録が残る。

『日本書紀』は、神功《じんぐう》皇后紀の新羅征討伝承に顕著なように、新羅への軍事行動をたびたび描き出し、新羅との対立を克服して倭国に朝貢《ちょうこう》させるにいたったというストーリーを展開している。

ところが、允恭《いんぎょう》天皇の死にあたって新羅から派遣された弔問使《ちょうもんし》への過酷な扱い（詳細は後述「海を渡る采女」の章を参照）をきっかけに、新羅との関係が悪化していった。その事件の当事者が、即位前の雄略であり、雄略の即位以来、新羅からの貢物がないことが繰り返し記述される（雄略天皇七年是歳条、八年二月条）。いってみれば、雄略が皇子時代に起こした新羅使糾問事件が発端であり、いわば身から出たサビだが、本人はおさまらないのである。雄略は、吉備上道臣《きびのかみつみちのおみ》田狭《たさ》の子・弟君《おときみ》への新羅攻撃指示（雄略天皇七年是歳条）、紀小弓宿禰《きのおゆみのすくね》、蘇我韓子宿禰《そがのからこのすくね》ら四人への新羅征討命令を相次いで下していった（九年三月条）。この流れは、単純な対新羅戦争にとどまらない意味をもっている。雄略と吉備上道田狭との対立があり、雄略が田狭を任那《みまな》に追いやったところ、田狭が助けを求めて新羅に逃げ込んだという状況がまず描かれる（雄略天皇七年是歳条）。雄略が田狭を任那に追いやったきっかけを『日本書紀』は、田狭の美貌の妻を狙う雄略の策略とするが、事件を俯瞰すれば、国内の豪族が新羅と結び、雄略と敵対したという構図になる。国内の対立が、朝鮮半島にも持ち込まれ、あつれきが強まっていったさまがこの時期の『日本書紀』描写で浮かび上がる。この一連の対新羅関係の記事のなかに置かれたのが、采女と香賜の胸方神派遣だったのである。

神助獲得の失敗

雄略は、「神を祠りて福を祈ることは、慎まざるべけんや」（原漢文「祠レ神祈レ福、可レ不レ慎歟」）とのべた。この言葉は見過ごされがちだが、じつは大きな意味を含んでいる。漢字の意味そのものを検討してみよう。「祠」は、しめすへん「示」と、旁《つくり》の「司」で構成される。甲骨文、金文の解読で知られ、長くわが国の漢字研究をリードした中国文学者の白川静氏の研究によると、「司は祝詞を啓《ひら》いて神意を伺うことを示す字」であり、「祠」は、「神意を問うまつり」の意味をもつ。「福」は「神のたすけ」である（『字通』）。香賜と采女の派遣の意図は明確である。雄略が胸方神への遣使に期待したこと、逆にいえば、香賜と采女の使命は、新羅親征に対する胸方神の神意をうかがい、神助を請うことだった。雄略の怒りは、〝神意をうかがい、神助を祈願する〟という指示が、香賜の行為によって果たされなかったことに向けられたのである。采女の性が侵犯されたことへの怒りではない。

二人の派遣の翌月、雄略は新羅親征を断念した。神に「な往しそ」（往くな）と戒められての判断である。この神が胸方神であることは、江戸時代中期には国学者によって指摘されていた（谷川士清『日本書紀通証』）。

凡河内香賜と采女の派遣の目的は、雄略の親征への神意を問い、神の助けを求めることだった。ところが、よりにもよってタブーを犯し、新羅親征への神助獲得が失敗した。雄略の怒りの真相は、まさにここにある。海上航路の保護神から見放されたことが、香賜の断罪につながったのである。『日本書紀』はこのあと、雄略が四人の将と吉備上道采女大海を渡海させ、対新羅戦の指揮を任せざるを得なかったことを記述する。

采女の性の独占という言説は、俗耳に入りやすい。しかし、そのような単純化は、『日本書紀』の理解を妨げてしまうだろう。

「大悪天皇」雄略の怒り

雄略天皇十二年十月のことである。ふたたび采女への「奸」が疑われる事件が起きた。今回、雄略が追い詰めたのは木工《こだくみ》である。

木工闘鶏御田と伊勢采女

冬十月の癸酉の朔壬午に、天皇、木工闘鶏御田《つげのみた》に命《みことおおせ》せて、始めて楼閣《たかどの》をつくらしめたまう。是に、御田、楼に登りて、四面《よも》に疾走《とくはし》ること、飛び行くが若きこと有り。時に伊勢の采女有りて、楼の上を仰ぎ観て、その疾《と》く行くを怪しびて、庭にたおれて、ささげし饌《みけつもの》〈饌は、御膳之物なり。〉を覆《くつがえ》しつ。天皇、すなわち御田、其の采女を奸せりと疑いて、刑《ころ》さんと自念《おもお》して、物部《もののべ》に付《さづ》けたまう。時に秦酒公《はだのさけのきみ》、侍坐《さもら》いき。琴の聲《ね》を以ちて、天皇に悟らしめんとおもう。琴を横たえて弾きて曰わく、「神風の　伊勢の　伊勢の野の　栄枝《さかえ》を　いおふるかきて　其《し》が尽くるまでに　大君に　堅く　仕《つか》え奉《まつ》らんと　我が命も　長くもがと　いいし工匠《たくみ》はや　あたら工匠はや」という。ここに、天皇、琴の聲を悟りたまいて、其の罪をゆるしたまう。（『日本書紀』雄略天皇十二年十月壬午条、〈　〉は分注、以下同）

腕利きの木工、闘鶏御田は、雄略天皇に命じられて楼閣を建てていた。御田は高殿に登り、飛ぶように四方に行き来し作業していた。それを見上げた伊勢の采女が驚いて転倒し、捧げ持っていた天皇の食事をこぼしてしまった。天皇は御田が采女を奸したと疑って、すぐに処刑しようとした。このとき、近くに控えていた秦酒公が、天皇にその愚を悟らせようと琴を弾き歌った。「伊勢の野のよく繁った木々を切り出し、それが尽きるまで天皇のために建物を建てよう、お仕えする自分の命も長くありたいものだといっていた工匠よ。だというのに、何と惜しいことよ」。天皇は、諫言の意味を悟って御田の罪を許したという顛末である。

木工猪名部真根と采女

その翌年、雄略天皇十三年九月。今度も、木工の物語、名は猪名部真根《いなべのまね》である。

秋九月に、木工猪名部真根、石を以ちて質《あて》として、斧をとりて材《き》をけずる。終日にけずれども、誤りて刃を傷《そこな》わず。天皇、其の所に遊詣《いでま》して、怪《あや》しび問いて曰わく、「つねに石に誤りあてじや」とのたまう。真根、答えて曰さく、「竟《つい》に誤らじ」ともうす。乃ち采女を喚し集えて、衣裙《きぬも》を脱ぎて、犢鼻《たふさき》を著け、露《あらわ》なる所に相撲とらしむ。ここに、真根、しばし停めて、仰ぎ視てけずる。覚えずして手誤ち刃を傷《そこな》う。天皇、因りて嘖譲《ころ》いて曰わく、「何処《いずく》の奴《やつこ》ぞ、朕《われ》を畏《おそ》れずして、貞《ただ》しからぬ心をもちて、みだりがわしく輙軽《たやす》く答えつる」とのたまう。よりて物部に付《さず》けて、野に刑《ころ》さしめたまう。ここに同伴巧者《あいたくみ》有りて、真根を嘆惜《あたらし》びて、作歌して曰わく、「あたらしき　猪名部の工匠　かけし墨縄《すみなわ》　其《し》が無けば　誰か懸けんよ　あたら墨縄」という。天皇、この歌を聞こしめして、反《かえ》りて悔惜《あたらし》ぶることを生《な》したまいて、喟然頽歎《なげ》きて曰わく、「幾《ほとほど》に人を失いつるかも」とのたまう。乃ち赦使《ゆるすつかい》を以ちて、甲斐《かい》の黒駒《くろこま》に乗りて、馳せ、刑所《ころすところ》に詣《いた》り止めて赦したまひ、もちて徽纏《ゆわいづな》を解かしめたまう。また作歌して曰わく、「ぬば玉の　甲斐の黒駒　鞍著せば　命死なまし　甲斐の黒駒（下略）」という。（『日本書紀』雄略天皇十三年九月条）

木工・猪名部真根は、一日中斧で木材を削っていても、手元が狂うということはなかった。作業現場を訪れた天皇が不思議に思って「間違えて（土台の）石に刃をあてることはないのか」と聞くと、真根は「絶対にありません」と答えた。そこで天皇は、采女を集めて衣装を脱がせ、著犢鼻（ふんどしのこと）姿で、よくみえる場所で相撲をさせた。真根は、手を止め顔をあげてながめ、思わず手元を狂わせてしまった。天皇は真根の言行不一致を「天皇の威を恐れない軽挙」だと責めて処刑を命じた。このとき、仲間の工匠が真根の技能を惜しみ嘆いて「何ともったいないことよ。猪名部の工匠が使っていた墨縄（製図用道具）は、彼がいなくなったら誰が使いこなすのか。まったく惜しいことよ」と歌った。これを聞いた天皇は非常に悔やみ、甲斐の黒駒に赦免の使者を乗せて刑場に走らせ、ぎりぎりのところで処刑を止めさせた。真根の縄が解かれると、仲間の工匠はふたたび歌った。「甲斐の黒駒よ、鞍なんぞ着けていたら赦免の知らせは間に合わなかった。真根の命はなかったのだ。よくやった黒駒よ」と。

雄略の怒りのパターン

この二つの物語の主役は、工匠である。共通するのは、天皇の怒り→歌→ゆるし、という展開である。似たエピソードは、たとえば雄略紀のほかの箇所でも、猟場で失敗して殺されそうになった舎人《とねり》（貴人の従者のこと）が助命を請う歌を歌い、許されるという例がみえる（雄略天皇五年二月条）。天皇が処刑を命じ、歌を聞いてそれをやめたという挿話の繰り返しは、たんなる偶然ではない。そこには述作者の作為があるらしい（津田左右吉『日本古典の研究』下）。

『日本書紀』は、巻・グループごとに編者が違っていたと考えられている。雄略紀を担当した人物は、雄略天皇を、自分の判断に固執し臣下を処刑する過ちを重ねたと評して「天下《あめのした》、誹謗《そし》りて言《もう》さく、「大《はなは》だ悪《あ》しくまします天皇なり」ともうす」（「天下誹謗言、大悪天皇也」）と書いた（雄略天皇二年十月是月条）。「大悪天皇」とは、とんでもないワルクチに聞こえるが、じつはそうでもないようだ。「中国の「天子」の権力の一つに、刑の断を下すというのがある。書紀編者は、英雄雄略天皇像に加えて、刑の処断者としての天皇像を造形しようとしたものであろう」とも指摘されている（新編日本古典文学全集『日本書紀』②、梗概）。このような書き手側の狙いを知ったうえで、個々の挿話を読み解いていくべきだろう。

新築落成の祝宴

かつて、采女との姧を疑われて処刑にいたるという『日本書紀』の物語を読んだ研究者たちは、采女が、豪族の服属のしるしとして天皇に献上された存在であり、天皇の「私物」「所有物」だったために、それへの侵犯が引き起こした悲劇だと考えた（門脇禎二『采女』）。しかし、ことは単純ではなかった。凡河内香賜は、神事のタブーを犯したことによって、雄略の親征を頓挫させてしまい政策遂行上の破綻を引き起こしたために処刑にいたったのである。

一方で、香賜とは異なり、木工たちへの処罰は、違う理由があった可能性がある。それは、古代社会でおこなわれた、新築の祝い（新室《にいむろ》の宴）に代表される建築にともなう祭祀との関係である。

『日本書紀』景行《けいこう》天皇二十七年十二月条には、伝説の英雄・ヤマトタケルが熊襲《くまそ》の首領の宴を襲撃するエピソードが記されている。この宴は、『古事記《こじき》』によると、熊襲の家の新築落成の祝宴「御室楽《みむろうたげ》」だった。この新築の祝いは、日数をかけて入念に準備された。ヤマトタケルは、熊襲の人々が大騒ぎをしながら祝いの準備を進めているさまを観察し、宴の日まで待った。宴の日、ヤマトタケルに襲われた熊襲は、建物の階段の下に追い込まれて殺される。高床建築の建物の新築の祝いが、大人数で入念に準備され、宴たけなわになって襲撃の舞台に暗転してしまったのである。

『日本書紀』などの古代の書物には、不思議なほど、新築祝いの祝宴が描かれている。

允恭天皇の室祝

雄略天皇には、皇位を争ったライバルがいた。市辺押磐皇子《いちのべのおしわ》である。皇子が争いに敗れて殺されたとき、遺児である弘計王《おけ》（顕宗《けんぞう》天皇）と億計王《おけ》（仁賢《にんけん》天皇）は播磨に逃れ、当地の縮見屯倉《しじみのみやけ》を管理する豪族のもとに身を隠した。この二王子が、朝廷から派遣された伊予来目部小楯《いよのくめべのおだて》に見いだされた場が、豪族の館で開かれた新室の宴だった。宴では次々に舞が演じられ、舞い手が尽きたころ、小楯は琴を弾き、宴席の片隅に火の番をしながら控えていた王子たちに舞を命じた。まず、億計王が舞に立った。つづいて、弘計王が室寿《むろほき》（新室の完成を祝うことば）を唱えたあと、小楯の琴にあわせて歌い、最後に自分たちの素性を明かすのである。小楯が驚いたのはいうまでもない（『日本書紀』顕宗天皇即位前紀）。

このエピソードは『古事記』でも、播磨国の豪族の家に逃れていた二人の王子が、「新室楽《にいむろのうたげ》」で人々の最後に舞い、身分を明かすというほぼ同じ顚末が描かれている（『古事記』清寧《せいねい》天皇段）。

『播磨国風土記』では、播磨国の豪族の新室の宴で二王子は詠辞を挙げさせられたあと、身分を明かした（『播磨国風土記』美嚢郡条）。

二王子発見の挿話は、『古事記』『日本書紀』『播磨国風土記』で細部に相違があるが、新室の宴という舞台設定は共通する。二人は雄略死後の宮廷に迎えられ、顕宗天皇、仁賢天皇として相次いで即位したと伝えられた。

新室の宴は、豪族の館だけに限らない。

朝廷でも新室の宴がおこなわれたようだ。天皇系譜では雄略の父とされる允恭天皇が、新室に讌《うたげ》し、みずから琴を弾いたという。ここでも、人々が順に舞を披露し、舞のあと次の舞人を推薦する様子が描かれる（允恭天皇七年十二月壬戌朔条）。

新婚の新室祝い

時代は降るが、ちょうど『日本書紀』編纂事業が最終的な仕上げの段階に入った霊亀二年（七一六）、藤原《ふじわらの》不比等《ふひと》邸内で、不比等と県犬《あがたのいぬ》養橘《かいのたちばなの》三千代《みちよ》の娘、安宿媛《あすかべ》（のちの光明《こうみょう》皇后）の婚姻がおこなわれた。夫となったのは、首《おびと》皇子（のちの聖《しょう》武《む》天皇）。二人は、不比等第に居所をもつことになった（関口裕子「日本古代の豪貴族層における家族の特質について」）。その新婚の住まいで、新室の宴が設けられた。準備したのは、安宿媛の母である県犬養橘三千代だろう（義江明子『県犬養橘三千代』）。宴には元正《げんしょう》天皇が親臨した。この至高の来賓に対し、首皇子は舞を奉っている（『大日本古文書』四「東大寺献物帳」）。

じつは、新婚の家を言祝《ことほ》ぐようすは、『古事記』『日本書紀』にも描かれている。たとえば、スサノヲは、高天原《たかまがはら》を追われ出雲に降り立ち、ヤマタノオロチを退治してクシナダヒメと結婚するが、その際に宮殿を建て、「や雲たつ　出雲八重垣　妻ごめに　八重垣作る　その八重垣え（ゑ）」と歌った（『日本書紀』神代上、第八段正文。『古事記』は「八雲立つ　出雲八

重垣　妻籠みに　八重垣作る　その八重垣を」とする）。八重垣は、「垣を幾重にもめぐらした立派な家」を指すという（日本思想体系『古事記』補注（上巻）84）。この歌は、もともとはスサノヲの説話とは関係のない独立の歌謡であり、新婚の新室寿ぎの歌だったといわれる（青木紀元「旧辞と歌謡」）。新しい建物ができたときには、それを言祝ぐ宴が広くおこなわれていたとみてよいだろう。

楼閣建築と渡来人

新室の祝いの性格を考えるときに見落としてならないのは、室寿がおこなわれることである。「ほき」は言葉で祝うことであり、その動詞形「ほく」は、「よい結果が得られるように、祝福のことばを唱える。また、そのようにして神に祈る。祝福する。ことほぐ。いわう」という意味である（『日本国語大辞典』）。つまり、新室の祝いは、たんなる宴会ではなく、神事なのである。

古代の百科全書の異名をもつ『延喜式《えんぎしき》』（平安時代に成立）では、宮殿などの新築にあたっての祭が定められている。大殿祭《おおとのほがい》である。目的は、天皇の住まいの災厄を除くこと。その起源として推定されているのが、『播磨国風土記』の「新室之宴」である（『延喜式』上、七六二頁補注）。古代社会では、新築を祝い、災厄をのがれることを神に願う祭祀が大事だったのである。

話題を雄略紀の工匠たちに戻そう。

私は、雄略天皇の暴政とみられてきた木工たちの受難を、新築を祝う祭祀との関係で考えたい。『古事記』『日本書紀』などの新室の宴は、建物新築の祝宴というだけではなく新穀の祝いが位置づけられていたため、十月から十二月の「冬」に実施されたという（木村徳国「ニヒムロノウタゲについて」）。雄略紀の闘鶏御田の挿話も十月のできごととして描かれた。闘鶏御田の助命のために秦酒公が弾いた琴という道具立てが、二王子発見の場で伊予久目部小楯が弾いた琴、允恭紀の祝宴で允恭天皇が弾いた琴に共通するという点からも、新築を祝う宴に関係する伝承の可能性を考えたい。

なにしろ、御田が建てていたのは楼閣だったのである。

琴を弾いて御田を助命した秦酒公は、渡来系の氏族である。雄略天皇の寵臣であり、渡来系の人々の統括を委ねられていた（『日本書紀』雄略天皇十五年条）。平安時代初めには、秦《しん》の始皇帝《しこうてい》の末裔を自称した太秦公《うずまさのきみ》や秦忌寸《はたのいみき》ら泰氏の祖の一人として認識されていた（『新撰姓氏録《しんせんしょうじろく》』左京諸蕃上「太秦公宿禰」、同右京諸蕃上「秦忌寸」ほか）。

六世紀には、優れた技術をもつ渡来系の人々が師となり、もともとこの列島に住んでいた人々に知識・技術を伝えることが盛んにおこなわれるようになった（田中史生「古代文献から読み取れる日本列島内の百済系・中国系移住民」）。御田の伝承は五世紀のこととして掲載されているが、雄略天皇が命じた楼閣建設は、まさに大陸の最新技術を駆使しての事業だったのではないだろうか。その際に、渡来系の秦酒公が建築者集団を采配していたと考えるのは自然である。とすれば、琴をつまびいて助命を願った理由も納得できる。

同じ工匠の猪名部真根の受難は、雄略天皇十三年九月であり、冬にはまだ間がある。

神事と工匠の受難

とはいえ、真根の描写は、御田以上に建築のプロとしての道具立てに満ちている。斧・墨縄という道具が、古代の工匠の特徴をよく示しているのである。

たとえば、奈良の大安寺《だいあんじ》は、七世紀半ばに遡る創建伝承をもっている（「大安寺伽藍縁起《がらんえんぎ》幷《ならびに》流記資財帳《るきしざいちょう》」）。それによると、大安寺は、七世紀の舒明《じょめい》天皇が創建に着手し、妻の皇《こう》極《ぎょく》天皇（二度目の即位では斉明《さいめい》天皇）に後事を託して亡くなった。斉明天皇は百済《くだら》救援の親征の途上、筑紫《つくし》で亡くなるが、危篤の床で、大安寺が未完であることを憂える。枕頭にいた皇子の天智《てんじ》天皇（中大兄《なかのおおえ》皇子）は、「髪に墨刺《すみさし》を刺し、肩に鉇《なた》を負い、腰には斧を刺してお造り申し上げましょう」と答え、大安寺完成を約束して女帝を安心させた。

建築史の研究者で、職人の技術と道具に詳細な検討を加えた村松貞次郎氏によれば、墨刺は、資材にしるしをつける用具であり、墨壺《すみつぼ》、墨縄とともに設計・製図に必要なもので、これらは曲尺《さしがね》とあわせて大工の道具のなかでも、もっとも重視されきたという（村松貞次郎『大工道具の歴史』）。墨刺、鉋、斧を身にまとう男性は、大工のシンボライズされた姿である。ここでは、仏教興隆への王権の意思表明として天智の大工姿が描かれた（義江明子『推古天皇』）。大工を表象するものとして、墨刺や斧が使われていることに注目したい。

真根は、石の上でチョウナ（手斧）を使って木を削る姿を描かれた。さらに、歌謡では「墨縄」を懸ける作業が描写される。ここからは、古代でも、墨壺を使って墨縄をかける行為が「其が無けば、誰か懸けんよ」と歌われるほどに大工の仕事のうち最重要の行為だったことがわかるのである（村松貞次郎『大工道具の歴史』）。猪名部真根の物語では、墨縄、斧という大工道具を配しながら、真根の失敗と処刑の宣告を受けて「あたらしき　猪名部の工匠　懸けし墨縄　其が無けば　誰か懸けんよ　あたら墨縄」と歌われる。象徴的な大工道具である墨縄をクローズアップさせることで成り立つ大工讃歌である。

大工讃歌と神マツリ

また、真根は、采女たちの姿を仰ぎ見たために手がすべり、刃を傷めたと記されている。はじめ、私は、工匠が見上げるという舞台設定がよくわからなかったが、中世の絵巻では、地面にべったり腰をおろして、チョウナを片手で使っている光景の描写が共通しているという（村松貞次郎『大工道具の歴史』）。大工道具の歴史についての実証研究で知られる渡邉晶氏によると、建築過程で道具を使う姿勢は、立位と坐位に大別されるが、中世以前は、大型の斧を使う場合には立位で両手使い、小型の斧を使う場合には坐位で両手あるいは片手使いだったという（渡邉晶『大工道具の日本史』）。鎌倉時代の『春日《かすが》権現《ごんげん》験《げん》記《き》絵《え》』には、オノ、ノコギリ、ノミ、カンナをはじめとする多彩な道具が、それを使う大工の様子とともに描かれており、中世での坐位姿勢をみることができる。なるほど、工匠の真根が、べったりと地面に座って作業をしていたのであれば、「仰ぎ見る」という姿勢も納得できる。

建築史の福山敏男氏は、八世紀の法華寺阿弥陀浄土院の建設過程で山口・地鎮・立柱・上棟などの祭がおこなわれたと指摘した（福山敏男『日本建築史の研究』）。大嘗祭では大嘗宮の建設に際し、種々の造殿行事がおこなわれる。大嘗宮竣工のときに「殿祭」が実施されるが、それは顕宗紀にみえる室寿の祭祀、新室寿の祭祀だといわれる（川出清彦『祭祀

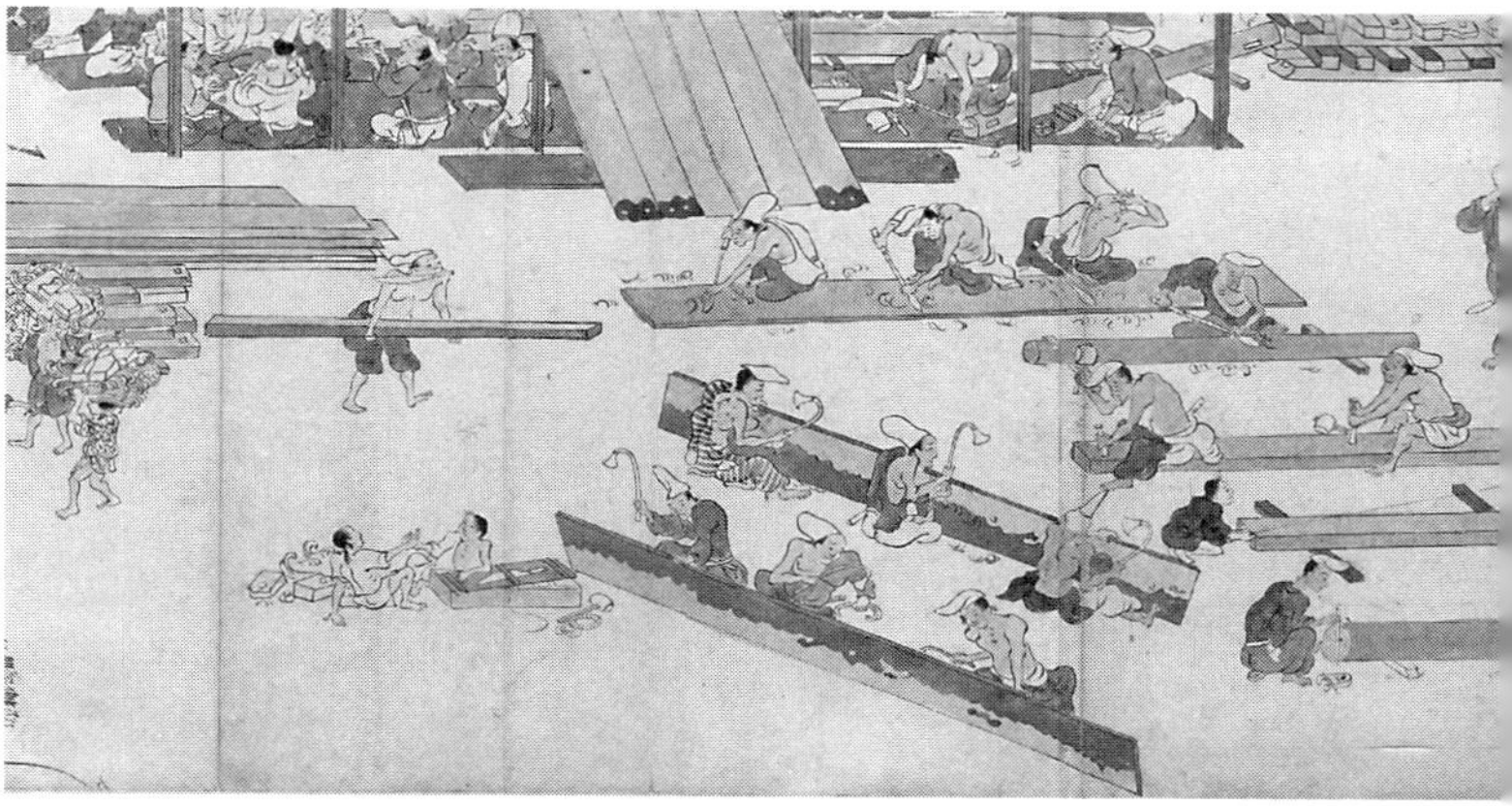

図３　社殿造営に従事する大工（『春日権現験記絵』天明４年模本より，国立国会図書館デジタルコレクション）

概説』）。闘鶏御田の物語では「伊勢の野の栄枝」を伐採する姿も歌われた。古代では、伐採と製材・大工仕事が未分化で、木材の伐採からの一連の作業を工匠がおこなっていたという（村松貞次郎『大工道具の歴史』）。このように闘鶏御田と猪名部真根の物語が、大工の仕事ぶりについてリアリティをもって描かれているのは、古代の大工への讃歌だからである。そこには、建築過程で繰り返し神マツリが必要とされるほどの重要性と、高度な技術を有する木工への敬意が込められている。

古代社会でも建築・造宮は高度な技術を駆使した重要なものであり、だからこそ木工たちは讃辞を与えられた。建築の神事は朝廷をあげての重要イベントだっただけに、ほかの官人たちとともに采女も関与しただろう。しかし、ジェンダーが列島社会に浸透し、女性の地位が低下していくのは、まだまだ先の話である。やがて倭国は、女帝が輩出する飛鳥・奈良時代を迎える。そのような列島社会で、宮廷に仕える女性を半裸にして見世物にするという状況は考えにくい。『三国志』の『呉書』孫和何姫伝裴松之注に引く『江表伝』に、暴虐な皇帝の愚行として黄金製の装飾品を宮人に着けさせて相撲をとらせた（「令宮人著以相撲」）などの記述があり、この「宮人相撲」あたりにヒントを得た脚色ではないだろうか。闘鶏御田の挿話にみえる「姧」の疑いは、神事での何らかのタブー違犯から着想されたものか、大工讃歌を引き出すための舞台装置だとみておきたい。

一方で、死罪にはいたらなかった「姧」がある。

山辺小嶋子と歯田根命

十三年の春三月に、狭穂《さほ》彦が玄孫歯田根《はたね》命、ひそかに采女山辺小嶋《やまのべのこしま》子《こ》を姧せり。天皇、聞《きこ》しめして、歯田根命を以ちて、物部目大連《もののべのめのおおむらじ》に収付《さずけ》けて、責譲《ころ》わしめたまう。歯田根命、馬八匹、大刀八口を以ちて、罪過を祓除《はら》う。既にして歌よみして曰わく、「山辺の　小嶋子ゆえに　人でらう　馬の八匹は　惜しけくもなし」という。目大連、聞きて奏す。天皇、歯田根命をして、資財を露に餌香《えか》市辺《いちべ》の橘の本の土に置かしむ。遂に餌香の長野邑《ながののむら》を以て、物部目大連に賜う。（『日本

書紀』雄略天皇十三年三月条）

木工闘鶏御田の物語の翌年のことである。垂仁《すいにん》紀に叛乱伝承がみえる狭穂彦の末裔・歯田根命が、ひそかに采女山辺小嶋子を奸した。これを聞いた雄略は、物部目大連に歯田根の身柄を預け、責め咎めさせた。歯田根は、馬八匹、大刀八振を拠出して罪を祓うことになった。歯田根は、「山辺小嶋子のためならば、馬の八匹など惜しくもないわ」と歌った。物部目は、これを天皇に報告した。雄略は、歯田根に命じて財物を餌香市のあたりの見晴らしのよいところに置かせた。物部目には、餌香の長野邑を与えたというストーリーである。なお、山辺は大和の地名で、朝廷に蔬菜などを納める直領地の一つ、山辺県《やまのべのあがた》が置かれていた。小嶋子は、そこから出仕した可能性がある。

この挿話は、古代社会に祓具を徴収することで罪を祓わせた例である（矢野建一『日本古代の宗教と社会』）。祓《はらえ》は、秩序と平和を乱す忌まわしい行為があったときに、罪を取り除き、罪によって汚された社会的秩序と平和を回復させる方法だった（高柳真三「上古の罪と祓および刑」〈一〉）。ただし、雄略紀のころには、財物を捧げて神によって清められるという精神はうかがえなくなり、祓の名は用いられたが、実質は肉体刑や財産刑に転化していたとする見方がある（高柳真三「上古の罪と祓および刑」〈三〉）。つまり、歯田根への刑罰は、祓の形式をとってはいたが、内実は財物や領地の没収だったのである（石母田正「古代法小史」）。物語は、物部目に餌香長野邑が与えられて終わるが、それは歯田根に改悛の様子がみられなかったため、さらに領地が没収されたことを示唆し（高柳真三「上古の罪と祓および刑」〈三〉）、その領地がまさに、物部目に与えられた餌香長野邑だったという（関口裕子「日本古代における「姦」について」）。

歯田根の挿話などにみえる古来の祓の制度は、先にみた延暦二十年の太政官符に対応がみられる（高柳真三「上古の罪と祓および刑」〈三〉、岡田重精「古代の斎忌」）。祓であがなうしくみは、律令制下の禁忌侵犯への贖罪のしくみにつながっているようなのである。これまで、凡河内香賜の罪も、木工たちの罪も、歯田根の罪もすべて、天皇が独占した采女の性を侵犯したために科されたと考えられてきたため、「姧」に注意が向けられてきた。しかし、凡河内香賜の物語で描かれた罪は、神事での性的タブー侵犯によって、神助の獲得に失敗したという二重構造だった。木工たちの物語は、建築に関わる祭祀と関連した伝承が伝わったものと推測でき、「姧」は大工讃歌を引き出すためのきっかけにすぎない可能性が浮かんできた。歯田根の物語は、共同体のタブー侵犯を財産刑で免れた伝承である。それぞれの伝承は、成り立ちも描こうとする内容も異なっているのである。

采女の「貢」とは何だったのか

贖罪の采女日之媛の物語

「貢」された采女、日之媛

これまで、采女《うねめ》は、地方豪族から服属の証として朝廷に「貢進《こうしん》」された、いわば人質だと考えられてきた（磯貝正義『郡司及び采女制度の研究』）。その象徴的なエピソードが、倭采女日之媛《やまとのうねめひのひめ》の物語である。『日本書紀《にほんしょき》』は、仁徳《にんとく》天皇の後継をめぐる争いの伝承のなかで、倭直《やまとのあたい》氏が采女を貢し始めたいきさつを次のように記す。

（仁徳）八十七年の春正月に、大鷦鷯《おおさざき》（仁徳）天皇崩《かんあがり》りましぬ。皇太子、諒闇より出でまして、いまだ尊位につきたまわざる間に、羽田矢代宿禰《はたのやしろのすくね》が女、黒媛を以ちて妃とせんと欲す。納采のすでにおわりて、住吉仲皇子《すみのえのなかつみこ》を遣わして、吉日を告げしめたまう。ときに仲皇子、太子の名を冒して、黒媛に奸《たわ》く。（略）太子、おのずからに仲皇子の、名を冒して黒媛に奸けしことを知《しろ》しめして、すなわち黙《もだ》して避《さ》りたまう。ここに仲皇子、事あらんことを畏《おそ》りて、太子を殺《し》せまつらんとす。ひそかに兵を興して、太子の宮を囲む。（略）このときにあたりて、倭　直吾子籠《やまとのあたいあごこ》、もとより仲皇子に好《うるわ》し。あらかじめその謀を知りて、密《ひそか》に精兵数百を攪食《かきはみ》の栗林に聚《つど》えて、仲皇子のために、太子を拒《ふせ》きまつらんとす。（略）ときに吾子籠、その（太子側の）軍衆の多《さわ》にあるに憚《はばか》りて、すなわち（太子からの）使者にかたりてもうさく、「伝《つて》に聞けらく、皇太子、非常之事ましますときけり。助けまつらんとして兵を備えて待ちたてまつる」ともうす。しかるに太子、その心を疑いたまいて殺さんと欲す。すなわち吾子籠、愕《お》じて、己が妹日之媛を献り、よりて死罪を赦されんことを請う。すなわち免《ゆる》したまう。それ倭直等が、采女を貢《たてまつ》ること、けだし此のときに始まれるか。（『日本書紀』履中《りちゅう》天皇即位前紀）

仁徳死後のことである。皇太子（次の履中天皇）は、即位に先立ち、羽田矢代宿禰の娘・黒媛を妃にする日どりを決めるため、住吉仲皇子を使いに出した。ところが仲皇子は、履中の名をかたって黒媛と結婚してしまう。履中にことの次第を知られた仲皇子は履中の殺害を図るが、失敗した。この争いのなかで、仲皇子に通じていたのが倭直吾子籠である。吾子籠は、履中に疑われ殺されそうになるに及んで、妹の日之媛を「献」じ死罪を免れた。物語は、「倭直らが采女を貢すことは、このときに始まったものか」という言葉で締めくくられる。この挿話は、倭直などの氏族が采女を貢じる起源を記述したものと考えられてきた。ただし、『日本書紀』には載るが、『古事記《こじき》』には記載はない。

倭采女の後日譚

倭の采女は、雄略《ゆうりやく》天皇の巻にも登場する（『日本書紀』雄略天皇二年十月丙子条）。説明の都合上、漢文の原文で掲示する（【史料1】）。

雄略が群臣を引き連れて狩りに行き、多くの獲物を得た。雄略は、猟場で獲物を料理し食べるのはどうだろうかと群臣に語ったが、誰も答えなかった。雄略はたいへん怒り、御者を斬り捨てた。この話を聞いた国中の人々は震え上がった。皇太后と皇后もおそれ、雄略の機嫌をとるために一計を案じた。面貌端麗で形容温雅、つまり、とびきりの美女で、しかも品のよい倭の采女・日媛《ひのひめ》に、酒を捧げて出迎えさせたのである。雄略は、采女をみて機嫌を直し、手を取り合って後宮《こうきゆう》に入っていった。雄略は、自分の真意はその場で獲物を調理し食べることだったのに、誰も的確に答えなかったので怒ったのだと皇太后に言いわけした。皇太后は、群臣が天皇の意図を理解できなかったのは仕方のないことだとさとし、自身の臣下のなかから、獣肉調理に長じた膳臣長野《かしわでのおみながの》を「貢」じた。天皇が大いに喜ぶと、皇太后はさらに複数の調理人を「貢」じた。天皇は彼らを「宍人部《ししひとべ》」とした。

【史料1】『日本書紀』雄略二年十月丙子条（傍線部は、「西京賦」と類似している部分）

丙子、幸御馬瀬、命虞人縦猟。凌重巘赴長莽、未及移影、獮什七八。毎猟大獲、鳥獣将尽。遂旋憩乎林泉、相羊乎藪沢、息行夫展車馬。問群臣曰、猟場之楽使膳夫割鮮、何与自割。群臣忽莫能対。於是天皇大怒、抜刀斬御者大津馬飼。是日、車駕至自吉野宮。国内居民、咸皆振怖。由是皇太后与皇后聞之大懼、使倭采女日媛挙酒迎進。天皇見采女面貌端麗、形容温雅、乃和顔悦色曰、朕豈不欲覩汝妍咲、乃相携手、入於後宮。語皇太后曰、今日遊猟、大獲禽獣。欲与群臣割鮮野饗、歴問群臣、莫能有対。故朕嗔焉。皇太后知斯詔情、奉慰天皇曰、群臣不悟陛下因遊猟場、置宍人部、降問群臣。群臣嘿然理。且難対。今貢未晩。以我為初、膳臣長野、能作宍膾。願以此貢。天皇跪礼而受曰、善哉、鄙人所云貴相知心、此之謂也。皇太后視天皇悦、歓喜盈懐。更欲貢人曰、我之厨人菟田御戸部・真鋒田高天、以此二人、請将加貢為宍人部。自茲以後、大倭国造吾子籠宿禰、貢狭穂子鳥別為宍人部。臣・連・伴造・国造、又随続貢。

（新編日本古典文学全集『日本書紀』②より）

このあと、大倭国造《おおやまとのくにのみやつこ》吾子籠《あごこ》が、狭穂子鳥別《さほのことりわけ》を「貢」じて宍人部とした。群臣も皇太后に従って宍人部を「貢」じて一件落着した――という物語である。

宍人とは、古代の宮廷に置かれた、鳥獣の肉を調理する集団である。膳臣長野が「貢」されたというのは、長野が、宍人を管理する伴造《とものみやつこ》になったということだという（佐伯有清『新撰姓氏録の研究』考證篇第一）。この遊猟記事は、宍人の設置起源伝承である。膳氏が宍人を管掌する由来が語られているところから、膳氏が伝えてきた自身の氏族伝承を『日本書紀』が採録したものだと考えてよいだろう。

膳夫《かしわで》と采女は、『日本書紀』の天武《てんむ》天皇の葬送儀礼でもともに行動しており、非常に近い関係にある職掌と立場である（持統《じとう》天皇元年〈六八七〉正月丙寅朔条）。先に履中紀で采女を「貢」じ始めた経緯を記された倭の吾子籠が、雄略天皇二年十月の遊猟の記事でも登場する。そこでは大倭国造吾子籠と書かれて、宍人部を「貢」じた。

「西京賦」と膳夫・采女

『日本書紀』が、漢籍の単語だけではなく、文章も借用しながら書かれたということは、江戸時代から指摘されてきた。『日本書紀』の出典論で知られる小島憲之氏によると、執筆者たちが用いた書籍は、『史記』『漢書《かんじょ》』『後漢書《ごかんじょ》』『三国志《さんごくし》（『呉志《ごし》』『魏志《ぎし》』）』『梁書《りょうしょ》』『隋書《ずいしょ》』『文選《もんぜん》』『金光明最勝王経《こんこうみょうさいしょうおうきょう》』『芸文《げいもん》類聚《るいじゅう》』などに及ぶ（小島憲之「出典考」）。

雄略天皇二年十月丙子条の倭采女の描写「端麗」「温雅」も、『後漢書』などの歴史書にみえる漢語である。さらに、遊猟の描写は、中国古代の詩文集『文選』に納められた「西《せい》京賦《けいのふ》」を借用している（小島憲之「出典考」）。「西京賦」は、前漢《ぜんかん》の都が置かれた長安《ちょうあん》（西京）を題材とした詩賦で、十月の皇帝の遊猟も描かれている。そのところどころの文章をつなぎ合わせ、雄略二年十月の遊猟のエピソードが綴られていることは有名である。三七頁に掲示した十月丙子条の全文（漢文）（【史料1】）と、「西京賦」の抜粋（【史料2】）をご覧いただきたい。

小島氏は、雄略紀について、漢籍の文辞を潤色した「つぎはぎ」だらけの文章だと評し

【史料2】「西京賦」抜粋　（　）部分が『日本書紀』ではカットされている。△は『書紀』と同字句

虞人掌焉……縦猟徒、赴長莽……白日未及移其晷、已獮其什七八……陵重巘……（是時、後宮嬖人、昭儀之倫、常亞於乘輿）……鳥獣殫、目観窮……息行夫、展車馬……（膳夫騎馳）……相羊乎五柞之館、旋憩乎昆明之池。

（全釈漢文大系26『文選（文章編）』一より）

た。当該条の「命虞人縦猟。凌重巘赴長莽、未及移影、獮什七八。毎猟大獲、鳥獣将尽。遂旋憩乎林泉、相羊乎藪沢、息行夫展車馬。」の部分（【史料1】傍線部）についても、「西京賦」に類似語句がみえると指摘した（小島憲之「出典考」）。「西京賦」からの部分抜粋、いわば切り貼りである。

ところで、なぜ雄略二年の記述では、ほかの漢籍ではなく「西京賦」が選ばれたのだろうか。

『日本書紀』雄略二年十月丙子条で潤色に使われた「西京賦」のうち、借用されなかった部分には、興味深い情景描写がある。後宮の女性たちが皇帝の遊猟に陪従して楽しむ様子や、猟場の饗宴で膳夫（王の料理人。『周礼《しゅらい》』天官《てんかん》に由来する）が調理に奔走する様子がうたわれているのである。掲示した「西京賦」抜粋のなかの、〈後宮嫚人、昭儀之倫、常亞於乘輿〉〈膳夫騎馳〉の部分である。『日本書紀』の十月丙子条には膳臣だけではなく采女も登場するが、この描写は、「西京賦」を下敷きにしたと考えると理解しやすい。獣肉調理に長じた膳長野を登場させ、朝廷に鳥獣の調理を担う宍人部を置くという氏族伝承に基づいたストーリーの構成には、遊猟の場で調理に奔走する膳夫や、狩猟に随従する後宮女性たちを描いた「西京賦」は参考になっただろう。「西京賦」の当該箇所が選ばれた理由は、そこにあったのではないだろうか。つまり、述作者は、「つぎはぎ」はしたにせよ、雄略紀に置くエピソードにみあう漢文を探し出したのである。

養老四年（七二〇）に完成した『日本書紀』は、それまでに倭国《わこく》に伝来していた漢籍の知識を駆使して漢文で書かれた。このような述作の経緯から生まれる問題には、小島憲之氏も警鐘を鳴らしたことがある。たとえば雄略紀に続く清寧《せいねい》紀だが、清寧天皇三、四年の記事は大部分が『隋書』高祖《こうそ》紀に依拠しているという。小島氏は、「このような出典の問題は、やがて史的事実を多少とも曲げた潤色の問題につながる」と喝破した（小島憲之「出典考」）。

律令用語を使った潤色

『日本書紀』を読むときには、漢籍からの借用に注意をはらうことに加え、八世紀初頭に作られた律令の知識をも動員して書かれたという点にも留意すべきである。

たとえば、「皇后」「皇太后」は、『漢書』『後漢書』など中国の歴史書ではなじみが深いが、雄略の時代の倭国にこの制度はない。日本で皇后制が成立するのは天武朝であり、法的に確立するのは持統天皇三年の飛鳥浄御原令《あすかきよみはらりょう》によってである（遠藤みどり「皇后制の成立」）。ちなみに、わが国の最初の皇后は天武皇后だった鸕野《うの》皇女（のちの持統天皇）であり、律令に基づく最初の皇后は、聖武《しょうむ》天皇の光明《こうみょう》皇后である。光明皇后は、娘の孝謙《こうけん》天皇が即位したため、初の皇太后にもなっている。つまり、雄略遊猟記事の「皇后」「皇太后」は、後世の制度を遡らせた潤色なのである。

「後宮」には、君主の妻妾という意味と、妻妾が集住する空間という意味がある。雄略は、倭采女日媛の手をとってともに「後宮」に入った（原漢文「相携手入於後宮」）という表現から、ここでは「後宮」空間を意味していることは明らかだが、わが国で天皇の妻妾が集住する空間としての後宮が形成されるのは、奈良時代末〜平安時代初期になってからである（橋本義則『平安宮成立史の研究』、同『古代宮都の内裏構造』）。奈良時代、内裏《だいり》は天皇の政務・居住空間であり、皇后をはじめとする后妃たちは、「キサキの宮」と呼ばれるそれぞれの宮殿を内裏外にもち、そこに住んでいた（三崎裕子「キサキの宮の存在形態について」）。

以上のような事情から、『日本書紀』を読み解くには、漢籍からの借用と、律令など後代の知識による潤色をとりのぞき、フィクションと原史料に書かれていたであろう部分とを判別しなければならない。このような視点で雄略二年十月の記事を読むと、このエピソードの根幹部分は、先ほどのべたように、宍人部の起源譚と、その管掌を任せられたと主張する膳氏の氏族伝承だということが浮かび上がってくる。

雄略二年十月丙子条には、酒をささげて君主を迎える采女が描かれた。この酒を捧げるという情景に既視感はないだろうか。各地の前方後円墳から女性埴輪が出土しているが、器を掲げる所作をしている埴輪への説明で、「采女」「巫女《みこ》」と記される場合がある。このような采女イメージの形成に『日本書紀』雄略二年十月丙子条が影響を与えているようにみえるのだが、どうだろうか。なお、采女イコール若い美女というイメージが強いが、『日本書紀』のなかで采女が容姿を賞賛されるのは、この一ヵ所だけである。

図４　器を掲げる所作をしている埴輪（今城塚古墳出土，高槻市立今城塚古代歴史館所蔵）

倭采女日之媛の物語は、かつては、豪族の服属の証としての采女の起源を語るものだと考えられてきた。しかし、履中紀の倭直の伝承では、日之媛は「采女」とは明記されず、倭直による采女の「貢」を「けだし此のときに始まれるか」とした注釈からの理解であり、本来的な伝承ではないとみられている（仁藤敦史「トネリと采女」）。仁藤敦史氏が指摘するように、采女制度そのものの起源を記したものではないのである。こうしてみると、采女の起源について、『日本書紀』は何も語っていないに等しい。読む側が、さまざまな解釈を重ねてきただけだともいえよう。

漢字とジェンダー

『日本書紀』は、当時最高の知識人によって書かれた。使われたのは、漢語・漢文である。漢字は、中国社会で生まれたものであり、津田左右吉が指摘したように、そのものに中国の思想が宿っている（津田左右吉『日本上代史の研究』）。そのうえ、先にみたように、漢籍の成語・成文をも借用し述作された。それにともなって、自然と中国の思想が「文面の上ににじみ出す」ようになったのは、むしろ当然の傾向であった（津田左右吉『日本古典の研究』下）。つまり、中国社会で生まれた漢語・漢文で述作されたために、中国思想が反映することになったのであり、これが『日本書紀』の理解を困難にしてしまったのである。

近年の研究では、漢字を使った古代の文献史料を読み解くためには、「漢字」そのものがもつ社会規範やジェンダー規範を知っておかなければならないことが、いっそう強調されている。

古代家族・婚姻の日中比較研究で知られる胡潔氏は、上代の史料が漢字を用いて書かれたことによって、「擬制性」が生まれたことに注意を喚起した。擬制、つまり、事実ではないことが事実であるように記述される――そのような性質を帯びることが、古代日本の漢字文献の一大特徴だというのである。

たとえば、古代では、漢字史料に「嫁」「娶」という漢字表現が現れる。これは、男性の家に女性を迎える夫方居住婚《おつとかたきよじゆうこん》の漢字表現である。一方で、仮名作品では「つまどひ」「かよひ」「むことり」という和語系の婚姻表現が存在する。前者と後者の意味は対照的である。見落としてはならないのは、この相違は実態の相違ではないということである。婚姻関係を外来の漢字によって表現すると、具体的な在り方は、いったん隠蔽される。しかし、和語系の表現によって「つまどひ」「かよひ」などの現実の婚姻形態が水面に現れるのだという（胡潔『律令制度と日本古代の婚姻・家族に関する研究』）。

本章の最初にみた履中天皇即位前紀には「納采」「吉日」という言葉がみえる（三四

ページ)。これらは、婚姻儀礼のなかの重要な行事と、そのための日程選択に関する言葉である。しかし、古代婚姻儀礼研究をリードしてきた服藤早苗氏によれば、わが国で婚姻儀礼が始まるのは平安時代中期に入ってからであり、天皇・東宮《とうぐう》(皇太子)への入内《じゅだい》儀式が皮切りだったという。貴族層にも広がっていったのは、さらに後のことである(服藤早苗「平安時代の天皇・貴族の婚姻儀礼」)。『日本書紀』の書き手は、中国社会の知識により婚姻を描写したため、日本の古代社会にはなかった儀礼の用語が入り込んでしまったのである。一方で『日本書紀』履中紀では、仲皇子が黒媛のもとを訪れて婚姻に及ぶという古代の「つまどひ」が描かれている。一つの記事のなかで中国流の婚姻表現と倭国の婚姻形態が混在しているのは興味深いと思う。もちろん、黒媛の物語は伝承であり事実とは考えにくい。とはいえ、漢字自体が、早期に父系制のしくみや婚姻制度が成立した中国社会で生まれ、その社会の実態を反映したものであるため、漢字を使ってわが国古代の婚姻を描こうとすると、現実の婚姻の在り方が隠蔽されてしまうという状況がよくわかる事例である。

「貢」の意味

次に、現代人が無自覚に抱え込んでいるジェンダー・バイアス(歴史的、社会的に作られた男女の性差に基づく偏見や判断のゆがみのこと)の存在について考えてみよう。このバイアスが、古代文献を読むにあたって理解をゆがめるのである。古代は史料が少ない。残っていたとしても、胡潔氏が指摘するように、漢字を用いた文献の理解には難しさがともなう。この問題は、古代社会で働く女性の分析にも影を落としてきた。その端的な例が、史料にみえる「貢」の解釈である。

たとえば、先にみた、倭直が采女を貢じ始めたいきさつは、『日本書紀』では次のように書かれた。繰り返しになるが、「貢」の漢字を検討するため、あらためて漢文で掲載する（傍線は筆者。以下同）。

太子疑二其心一欲レ殺。則吾子籠愕之、献二己妹日之媛一。仍請レ赦二死罪一。乃免之。其倭直等貢二采女一、蓋始二于此時一歟。（『日本書紀』履中天皇即位前紀）

〔大意〕太子（履中天皇）は、吾子籠の真意を疑って、これを殺そうとした。吾子籠はおそれおののき、妹の日之媛を献じて死罪の赦免を願い、赦された。おそらく、倭直らが采女を貢じるのは、このときに始まるのではなかろうか。

倭直の祖・吾子籠が、贖罪のために妹を「献」じ、これをきっかけに倭直等が采女を「貢」じることになったか、というもので、采女の本質論とも関わって重視されてきた挿話である。にもかかわらず、文中の「貢」の字義は、正面から検討されることはなかった。

念のため、「貢」の語義を確認しておこう。漢字事典『字通』は、①みつぐ、みつぎもの、ささげる、たてまつる。②上に通ずる、すすめる。③贛と通じ、たまう、たまもの。④訌と通じ、ついえる、やぶれる、まどう——とする。『大漢和辞典』は以下をあげる。①みつぐ。ささげる。たてまつる。君主に功品物産を献上する。②みつぎ。みつぎもの。③夏代の税法の名。④とほる。⑤すすめる。薦挙する。⑥たまふ。たまもの。贛に通ず。⑦つげる。告に通ず。⑧つひえる。やぶれる。訌に通ず。⑨まどふ。⑩おちいる。おとしいれる。坎に通ず。⑪姓。⑫（現）優れる。好い。

つい最近まで、履中天皇即位前紀の「倭直等貢采女」の「貢」は、「みつぐ」「みつぎもの」「ささげる」「たてまつる」「君主に功品物産を献上する」という意味に捉えられてきた。結論からいえば、この捉え方が、今日にいたる采女像を形成し、古代女性像をゆがめる結果をもたらしたのである。

英語圏からみた采女像

日本古代史研究の世界では、采女貢進という言葉が定着しているが、その用語の意味について、厳密に問われることはなかったといってよい。ところが、「みつぐ」という意味での采女貢進という言葉は、古代社会論のなかでは矛盾に満ちた表現なのである。日本古代は、男女の格差が少ない社会である。

日本古代女性史研究を切り拓いた関口裕子氏は、家族・婚姻・経営の日中比較に精力的に取り組み、古代中国とは異なるわが国の古代社会の特徴を明らかにした。それは、男女個人がそれぞれ財産を持ち、処分もできて、夫妻や親子であっても財産の保有は別々であり、男女ともに父方母方双方から財産を相続できた社会である（関口裕子『日本古代家族史の研究』上・下、同『日本古代女性史の研究』）。親族のしくみに関しても、父系母系の親族名称が共通していることから、父方母方を区別する考えもなかったことがわかっている（明石一紀『日本古代の親族構造』）。経済や親族・婚姻など、重層的な角度から、古代社会は父系単系社会ではなく、双方的な社会であったことが明らかにされてきたのである。このような社会だったため、権力の問題においても、政治から女性を排除する社会通念は乏しかったのである（義江明子『推古天皇』）。その理解と、女性を「みつぐ」という通説、つまり、女性をみつぎものとして扱う古代社会観は共存しにくい。

私は、二〇〇九年より義江明子氏、ジョーン・R・ピジョー氏との三人で、養老令《ようろうりょう》のジェンダー関連令文の分析と英訳をテーマとする共同研究をおこなってきた（義江明子、伊集院葉子、ジョーン・R・ピジョー「日本令にみるジェンダー」(1)～(3)）。そして、古代日本史料の先行英訳を調査するなかで、日本語を母語とする人々の研究ではみえなかった問題がみえてきたのである。

明治維新以降の海外の学者・外交官による日本研究では、アーネスト・サトウが著名だが、彼と同時代に日本に滞在した外交官にウィリアム・アストン（一八四一〜一九一一）がいる。在日英米外交官等が創設した日本研究のための学術団体「日本アジア協会」で活躍し、帰国後、一八九六年にロンドンで『日本書紀』の英訳を出版した（W. G. Aston, *NIHONGI*）。

『日本書紀』を海外に紹介したアストンの功績は非常に大きいが、一方で制度の正確な訳出という点で、時代的制約を免れ得なかった点も見落としてはならないだろう。

英訳した『日本書紀』のなかでアストンは、履中即位前紀に載せられた倭直の「貢采女」起源伝承の「采女」を、「王宮に捧げものとして女性をおくること」と表現した（【史料A】）。アストンは、采女を「捧げもの tribute」と理解し、英語圏の人々に紹介したのである。

アストンの理解は、英語圏では今日まで主流である。たとえば英語による日本百科事典に『エンサイクロペディア・オブ・ジャパン』があり、少なからぬ初学者が参照するが、「采女」が立項され「ヤマト朝廷の君主に捧げものとしてプレゼントされた女性たち」と

【史料A】　アストン英訳『日本書紀』の采女起源伝承
（履中即位前紀）

The Heir, however, doubted his intentions, and tried to kill him. Whereupon Akoko was afraid, and offering as a present his own younger sister Hinohime, through her begged that his capital offence might be pardoned. He was pardoned accordingly. It was prolably at this time that the custom began of the Atahe《（ママ）》 of Yamato sending tribute of ladies of the Palace.

〔下線は筆者がつけた．以下同じ．アストンは下線部に脚注をつけ，Uneme と説明した〕

【史料B】　『エンサイクロペディア・オブ・ジャパン』の uneme（采女）

Female attendants in ancient times who served the ruler's daily needs.（略）They were selected from among the sisters and daughters of local chieftains（KUNI NO MIYATSUKO）and presented as tribute to the sovereign at the YAMATO COURT（ca 4th-mid-7th centuries).（後略）

〔presented as tribute とはまさに，アストンの采女解釈そのもの〕
（ライシャワー，都留重人他監修 Kodansha Encyclopedia of Japan(8)，［1983年発行］による．以下同じ）

説明された（【史料B】）。アストンの采女解釈そのものである。この采女理解の是非を、律令にそくして検討してみよう。

律令の「貢」と地方出身女官

律令国家の組織づくりと人材確保策

律令国家建設にあたって重要なものは何か。壬申の乱（天武元年〈六七二〉）に勝利して即位した天武天皇（在位六七二～六八六）は、それまでの氏族ごとの王権への奉仕から個人単位の出仕への切り替えを開始した。勤務評定や能力に応じた配属などのしくみも導入していった。人材が欲しかったのである。

天武二年　畿内豪族男女の官仕規定公布
天武五年　畿外豪族と「才能」ある庶人の出仕規定公布
天武八年　畿内有力氏ごとの女性の出仕を公布

天武朝に本格化した人材確保策は、大宝元年（七〇一）の大宝令《たいほうりょう》でおおむね完成し、修正を施されながら養老令（天平宝字元年〈七五七〉施行）に引き継がれた。現在確認できる養老令条文では、貴族・豪族男性の出仕は軍防令《ぐんぼうりょう》46五位子孫条、同47内六位条、同38兵衛《ひょうえ》条などにそれぞれの詳細をみることができる。一方、女性の出仕は、後宮職員令《こうきゅうしきいんりょう》18氏女《うじめ》采女条で確認できる。各条文は次の通りである（原漢文。条文のアラビア数字は、日本思想大系『律令』が付した条文番号である。便宜のために掲載した）。

中央貴族・豪族男性の出仕法

まず、中央の貴族や豪族男性の出仕法は、次のように決められていた。

【軍防令46五位子孫条】凡そ五位以上の子孫、年二十一以上にして、見《げん》に役任《やくにん》無くは、年毎《としごと》に京国《きょうごく》の官司、勘検《かんけん》して実《じち》を知れ。十二月一日を限りて、幷せて身さえに式部《しきぶ》に送りて、太政官に申して、性識聡敏《しょうしきそうびん》にして、儀容《ぎよう》取りつべきを検《かんが》え簡《えら》びて、内舎人《ないしやにん》に充てよ。三位以上の子は、簡ぶ限りに在らず。以外は、式部、状に随ひて大舎人《だいしやにん》及び東宮の舎人に充てよ。

〔大意〕五位以上の子孫（蔭子孫のこと）で、二一歳以上、官途についていない者は、毎年、京職・国司が調査し十二月一日までに式部に送り、太政官に報告して、賢く姿がうつくしい者を選んで内舎人にせよ。三位以上の子は、この選考は不要で内舎人とすること。そのほかは、式部が、状況に応じて大舎人、東宮の舎人にあてること。

【軍防令47内六位条】凡そ内六位以下、八位以上の嫡子、年二十一以上にして、見に役任無くは、年毎に京国の官司、勘検して実を知れ。状を責うて簡び試みよ。分ちて三等に為《つく》れ。儀容端正にして、書算に工《たくみ》ならば、上等と為よ。身材強幹《しんざいごうかん》にして、弓馬に便ならば、中等と為よ。身材劣《つたな》く弱くして、文算識《もんざんし》らずは、下等と為よ。（下略）

〔大意〕内六位以下、八位以上の嫡子（位子のこと）で二一歳以上の官途についていない者は、毎年、京職・国司が調査し実情を把握して選抜せよ。位子を三等に分け、儀容端正、書算に工ならば上等、身材強幹、弓馬に便ならば中等、身材劣弱、文算を識らないものは下等とせよ。

地方からの人材推挙と兵衛の「貢」

一方で、地方からの人材集めは、別個の法規定があった。

【軍防令38兵衛条】凡そ兵衛は、国司、郡司の子弟の、強《こわ》く幹《つよ》くして、弓馬に便ならん者を簡びて、郡別に一人貢せよ。もし采女貢せん郡は、兵衛貢する例にあらず。一国を三分にして、二分は兵衛、一分は采女。

〔大意〕兵衛は、郡司の子弟で強幹かつ弓馬に長じた者を国司が選び、郡ごとに一人

「貢」じること。采女を「貢」じる郡は、兵衛を「貢」さずともよい。一国のうち、三分の二の郡から兵衛、残り三分の一の郡から采女とすべし。

女官の出仕に関する規定は、中央と地方の出身者あわせて一つの条文でまとめられた。

後宮職員令氏女采女条の「貢」

【後宮職員令18氏女采女条】凡そ諸の氏は、氏別《うじごと》に女貢せよ。皆年三十以下十三以上を限れ。氏の名に非ずと雖も、自ら進仕《しんじ》せんこと欲《ねが》わば、聴《ゆる》せ。其れ采女貢せんことは、郡の少領以上の姉妹及び女の、形容端正なる者をもちてせよ。皆中務省に申して奏聞《そうもん》せよ。

〔大意〕諸氏は、氏ごとに女性を「貢」じること。年齢は三〇歳以下一三歳以上。ただし、氏の代表ではなくても、みずから進んで仕えたいと願う者は許可せよ。采女を「貢」じる場合には、郡の少領《しょうりょう》以上の姉妹または娘で、形容端正な者にすべし。氏女・采女の出仕者が決まったら、すべて中務省を通じて天皇に報告せよ。

後宮職員令の氏女采女条は、官人の出仕規定として、軍防令46・47条の官人子弟の出仕規定、および38条の郡領一族子弟の出仕規定と対をなしている。法の構成として異なるのは、男性は、大きく分けて、①三位以上の子・孫、五位以上の子、②六位～八位の子、③

郡司の子弟――の三種の令文が制定されたが、女性の場合は父の位階や中央・地方の別なく、一つの令文にまとめられたことである。

氏女、采女は同一令条で、「貢」せよと規定された。一方で、軍防令五位子孫条や内六位条の官人子弟の規定には「貢」は使われていない。どういうことなのだろうか。

氏ごとに女を「貢」せよ

「貢」は、養老令でよく使われる用語である。物品を貢じる場合にも使われるが、いま、問題にしているのは、人を「貢」するという場合の意味である。

たとえば、国司《こくし》の職掌には、官吏候補者を推薦することが含まれていた。地方の人材を中央に登用するためである。「貢挙」という（職員令70大国条）。つまり、律令のなかで、人に対して「貢」を使う場合、それは官人任用に関する用語なのである。

地方豪族の子弟であることを資格要件とする兵衛は、軍防令38兵衛条では、国司が選抜して「貢」することが明記された。同じ条文のなかで、采女を「貢」す郡は、兵衛の「貢」は免除された。この条文から、采女に対してあてられた「貢」も、官人任用に関する法律用語であることが明らかである。

采女と兵衛の資格要件には、たしかに違いがある。采女に求められたのは「形容端正」

であり、兵衛には「強幹」で弓馬に巧みであることが求められた。兵衛という職務柄、必要なことだろう。しかし、両者ともに、選ばれて国家に推薦されることを「貢」と表記された。法の趣旨は、国司の責任で、兵衛・采女のどちらも、任用に値する人材を選んで推挙せよということである。その国司の職掌を示す法律用語は、「貢」以外にはないのである。

後宮職員令の氏女采女条は、諸氏の女性についても「貢」を使用するが、これには複数の理由が考えられる。ここでは、氏の推薦、つまり氏の長による選抜と推薦を求めたため「貢」を用いたとみておこう。

以上を考えると、氏女采女条で規定する氏女と采女の「貢」の法律上の意味は、諸氏や国司の責任で、資格要件にかなう者を選抜し推薦せよという意味に尽きる。〝献上〟という意味ではなく、官人の任用に関する法律用語の「貢」である。

先ほどから問題にしている『日本書紀』の履中即位前紀は、だからこそ、倭直の采女伝承のなかで「貢二采女一」として律令用語の「貢」を記載したのである。『日本書紀』には、八世紀初頭の律令知識による文章の修飾が施されていることはよく知られている。采女の「貢」もその一例である。なお、軍防令46五位子孫条は、「五位以上の子・孫が二十一歳以上になって官仕しない場合に出仕せしめる条文」である（野村忠夫『律令官人制の研究　増訂版』)。貴族の男子の場合、基本的に全員の官仕が想定されており、その場合は特別な推薦などはないため、五位子孫条や内六位条には「貢」はみられないのである。

「貢」の字義は、古代の人材登用制度を理解するうえで重要でありながら、見過ごされてきた。古代の史料は、古代の制度を含めた社会の在り方を踏まえたうえで読まれるべきだろう。

リクルートされる兵衛とプレゼントされる采女

英語で書かれた日本事典『エンサイクロペディア・オブ・ジャパン』は、兵衛を意味する和訓toneri（トネリ）も立項し、「地方豪族の子弟から採用されたトネリ」と説明した（【史料C】）。

古代では、トネリは貴人の従者を指すが、律令では、奉仕する対象や配属先によって兵衛、資人、帳内、舎人などの漢字があてられた。和訓はすべてトネリである。『エンサイクロペディア・オブ・ジャパン』は、上記をtoneriとして一括で説明したが、このなかに地方豪族子弟が出仕したという記述があり、兵衛を念頭に置いていることがわかる。

「おやっ?」と思うのは、同じ事典で采女がpresented as tributeと説明される（【史料B】）のに対して、トネリの出仕がRecruitedと説明されることである。男性であれば「採

【史料C】『エンサイクロペディア・オブ・ジャパン』のtoneri（トネリ）

Attendants who served the sovereign and other members of the imperial family in ancient Japan. Recruited mainly from the sons of local chieftains, *toneri* remained loyal to their masters in times of crisis.（後略）

用」であり、女性であれば「献上」だというわけである。同じ令条に基づいて出仕しながら、後世の学者がもつジェンダー・バイアスや「貢」の理解不足のために、采女の実像が曲解されてきたことが、英訳の実態によって明確になったといえる。

先ほどから引用している『エンサイクロペディア』は一九八三年版だが、その記載は後継事典『カラーペディア』にも踏襲されている。しかし、最近では、英語を母語とする研究者のなかでも、日本の古代が双方的な社会であることを踏まえて、女王・女帝を分析しようとする動きが生まれている。南カリフォルニア大学のジョーン・R・ピジョー氏のもとでの活発な議論は、この動向を牽引する役割を果たしている。英語圏の日本史研究の場でジェンダー・バイアスが解消される方向へ進むかどうか、目が離せない。

采女を「献」じるという意味

倭直の采女伝承では、贖罪のために吾子籠が日之媛を「献」じたとした。この「献」も采女への誤解を招いてきた。

『日本書紀』で、「献」は、①贖罪のために物品を差し出す場合、②天皇にとって有為の人を呼び寄せ、仕えさせるとき――に使用されている。注意を払う必要があるのは、その人物が朝鮮半島諸国などから渡来した場合である。たとえば、雄略天皇が、百済《くだら》に優れた巧者《たくみのひと》（工人、技術者）がいると聞き、百済に巧者の献上を命じ（「令レ献二巧者一」）、やがて百済が貢した人々が倭国にやってきた（「百済所レ貢今来才伎」）という挿話がある（『日本書紀』雄略天皇七年是歳条）。ここで使われる「献」と「貢」には、『日本書紀』の対外イデオロギーという点で意味がある。

倭の五王以来、倭国の対外認識の中心は高句麗《こうくり》、百済、新羅《しらぎ》、伽耶《かや》（任那《みまな》）など朝鮮半島諸国との関係であり、これらの国々よりも上位に立ちたいという認識が絶えず存在し、『日本書紀』にはこうした意識が表現されているという（仁藤敦史「東アジア世界と中華思想」）。工人の渡来も、倭国と百済を上下の関係に置き、百済に献上を命じ百済から「貢」させるというストーリーのなかに置かれたため、「献」と「貢」が使い分けられ、両国の上下関係が描き出されたのである。

渡来人の活用は、倭国が先進国である朝鮮半島諸国を追い抜く原動力だった。このため倭国は、朝鮮半島諸国を朝貢国《ちょうこうこく》として隷属させることによって渡来人の補給を保障しようとしたという。一方で倭国は、朝鮮諸国家の隷属を試みながら、他方ではそれらとならんで中国に朝貢するという行動をとった。こうして、複合的な支配・被支配の秩序が成立し、このような関係が特殊な国際的緊張関係を相互の間に作り出していたのである（石母田正「日本古代における国際意識について」）。

『日本書紀』を読む限り、倭国は中国大陸からの人材渡来も渇望していたようであるが、その記述にあたっても、中国よりも倭国が上位に立っているというスタンスを手放さない。たとえば、中国南部の呉から「手末才伎《たなすえのてひと》」「漢織《あやはとり》・呉織《くれはとり》」「衣縫兄媛《きぬぬいのえひめ》・弟媛《おとひめ》」が到来した記事では「呉所レ献手末才伎、漢織・呉織及衣縫兄媛・弟媛等」と書いた（雄略天皇十四年正月戊寅条）。呉の献《たてまつ》れる、つまり呉が倭国に献じた技術者だというわけである。私たちは、倭の五王たちが朝鮮半島の軍事的支配権を主張し有利な官職を得ようとして中国南朝の宋《そう》に使いを送っていたことを、中国側の史書から知っている。ところが、その中国王朝さえも、倭国に人を「献」じる、つまり下位にあるもののように『日本書紀』は描く。同様に、朝鮮半島諸国も倭国に「貢」「献」する存在として描かれる。倭王権を世界の中心に置くこのような観念は、列島内にあっては、王権への男女人材の「貢」「献」という描写として現れる。罪の赦しを請うために人材を「献」じる例は、雄略十年九月戊子条にも養鳥人《とりかい》を献じる伝承としてみえており、「献」の用法は女性だけに限定されないことも留意しておく必要があるだろう。

中国の「貢」と科挙

『日本書紀』に記された采女の「貢」が、律令による潤色であったにもかかわらず、その点が見過ごされ、「貢」の解釈が本来の意味を離れていったために、采女の理解にゆがみが生まれた（伊集院葉子「後宮職員令の構造と特質」、同「日本令英訳の試み」）。

しかし、じつは漢字の「貢」に限っていえば、それ自体には、ジェンダーがあるわけではない。

これまで英語事典の記載を紹介してきたが、日本語辞書ではどうだろうか。そこでは、一般的な辞書類でさえ、「貢」の語義の一つに「人材を推挙すること」（『広辞苑』第五版）をあげてきた。男性の「貢」が、人材推挙の律令用語だと正しく受け止められる素地は、社会のなかにあったわけである。しかしながら、女性の「貢」は人身御供《ひとみごくう》であるかのように認識されてきた。「貢」の解釈に、読む側のジェンダー・バイアスが投影されてきたからである。このジェンダー・バイアスは、非常に深刻である。この点は、先学も懸念していた。明治時代に女官・女房制度の網羅的検討を試みた浅井虎夫は、「貢」の字が臣下から至尊《しそん》（天皇のこと）に対する「卑下《ひげ》」であり、兵衛も「貢」であるのに「采女に限りて深く考えを費すの必要あらんや」と注意を促したのである（浅井虎夫『女官通解』）。卓見だろう。

英語圏で活用されている『中国古代官名辞典』で「貢」を含む制度用語をみると、人間の採用・登用を recruit、物品献上を tribute と訳し分けている（「貢挙案」〈宋代〉、「貢奉使」の項目参照）。よく知られていることだが、中国の官吏登用試験である「科挙」は、唐代には「貢挙」であった（曾我部静雄「中国の選挙と貢挙と科挙」）。人材の任用に関する試験ゆえの「貢挙」である。

日本古代は史料が少ない。これは研究者共通の嘆きである。また、少ない残存史料も、その性格を慎重に分析して見極めなければ、活用には堪え得ない。そういうなかで、史料自体がもつジェンダー・バイアスを抽出し、同時に、現代人自身がもつジェンダー・バイアスに注意をはらいながら考察を進めていくことが大事になってくる（伊集院葉子「日本古代の女官／女性官僚」）。これは、義江明子氏、ジョーン・R・ピジョー氏との共同による律令のジェンダー分析を通じて得た感慨である。このような視点が、日本古代史研究を精緻なものにしていき、国際的な理解を深める助けになるのである（義江明子「日本古代史の精緻化と史料英訳」）。これによって、古代社会像がより豊かになることはいうまでもない。

海を渡る采女

吉備上道采女大海の物語

『日本書紀《にほんしょき》』には、二人の海を渡る采女《うねめ》が描かれている。吉備上道采女《きびのかみつみちのうねめ》大海《おおあま》と、百済《くだら》の池津《いけつ》媛である。

将軍と采女

一人目は、倭国《わこく》から朝鮮半島に渡った吉備上道采女大海である。

采女大海が海を渡った事情は、次のように記されている。

（雄略《ゆうりやく》天皇が）紀小弓宿禰《きのおゆみのすくね》・蘇我韓子宿禰《そがのからこのすくね》・大伴談連《おおとものかたりのむらじ》（略）・小鹿火宿禰《おかひのすくね》等に勅して曰わく、「（略）汝四卿を以ちて、拝《ことよ》せて大将とす。王師を以ちてせめ伐ち、天罰をつつしみ行え」とのたまう。ここに、紀小弓宿禰、大伴室屋大連《おおとものむろやのおおむらじ》を使して、天皇に憂えもうさしめんとしていわく、「臣、拙弱《おじな》しと雖も、つつしみて勅をうけたまわる。但し今、臣が婦《め》、みまかりたる際なり。よく臣を視養《とりみ》る者《ひと》なし。公、冀わくは、このことをもちて具《つぶさ》に天皇にもうせ」という。ここに、大伴室屋大連、具にもうすことをす。天皇、聞き悲しび、なげきたまい、吉備上道采女大海を以ちて、紀小弓宿禰に賜いて、身に随いて視養ることをせしめ、遂に推轂《あいたす》けて遣したまう。紀小弓宿禰等、即ち新羅に入りて、傍《かたわら》の郡《こおり》をゆくゆく屠《ほう》る。（略）大将軍紀小弓宿禰、やまいして薨《みまか》りぬ。（『日本書紀』雄略天皇九年三月条）

凡河内《おうしこうちの》香賜《かたぶ》の「姧《かん》」によって胸方神《むなかたのかみ》の神助が得られず、雄略が願った新羅《しらぎ》への親征は頓挫した（「采女の「姧」と雄略天皇」の章を参照）。その翌月のことである。雄略天皇は新羅を討つ将軍の一人に紀小弓を任じた。ところが、小弓は、大連大伴室屋を通して、妻が亡くなったばかりで自身を「視養」する者がいないことを報告させた。天皇は、吉備上道采女大海を小弓に賜い、新羅に渡らせた。

紀小弓が口にした「とりみる（視養）」は、面倒をみる、世話をやくという意味の倭語である。『古事記』允恭《いんぎょう》天皇段に、木梨之《きなしの》軽《かる》王と軽大郎女《かるのおおいらつめ》夫妻が皇位継承の戦いに敗れ夫の軽王が配流されるとき、「思い妻あわれ……後も取り見る　思い妻あわれ」（いとしい妻よ。……後々までも、大切に世話をしたいと思ってきた、いとしい妻よ）と歌い上げる場面がある。『古事記』の軽王は、「とりみる」を、夫が妻を大切に世話をする意味で使い、『日本書紀』雄略九年三月条では、妻が夫を世話する意味で使っている。古代日本では、妻が一方的に夫をケアする関係は成立していなかったため、双方向的な意味あいで使われるのである。

雄略は、小弓に采女大海を「賜」した。この「賜」を、人身供与のような意味に捉えるのは適切ではない。中国の歴史書に「賜婚」という言葉がみえ、天子から命じられた婚姻に際して使用された（『旧唐書』張茂宗伝ほか）。『日本書紀』の執筆者は、天皇が介在した婚姻に対しては「賜」という漢字を用いる。たとえば、日向から出仕してきた美貌の誉れ高い髪長媛《かみながひめ》に大鷦鷯尊《おおさざきのみこと》（のちの仁徳天皇《にんとく》）が恋心を抱いたと知った応神天皇《おうじん》は、髪長媛を仁徳に「賜」した、と表現された。しかし、このとき二人は「すでにまぐわいてねんごろなり」と記述されており、その場で詠まれた歌謡では、「相枕まく」、つまり枕を交わしたよろこびがうたわれた。二人はすでに性愛関係にあり古代社会の通念としては婚姻しているのである（応神天皇十三年九月中条）。既婚の夫婦に対して、支配者からの「賜」と表現することで体裁を整え、婚姻を追認する『日本書紀』の筆法を見落としてはならない。雄略紀は倭国に渡来したばかりの唐人続守言《しょくしゅげん》が書いたという（森博達『日本書紀の謎を解く』）。古代中国の婚姻規範を熟知する者の手により「賜」という漢語が使用されたとみておきたい。「推轂」とは、『史記《しき》』の故事にちなむ言葉である。馮唐伝に、「臣聞く、上古、王者の将を遣するや、跪きて轂を推し……」という記載がある（『史記』馮唐伝「臣聞上古王者之遣將也、跪而推轂」）。ここで描写されているのは、将軍の派遣にあたって天子が跪《ひざまず》き、将軍の車を前へ推《お》し出すという情景であり、将軍派遣時の古代の帝王の手厚い態度であるという（青木五郎『新釈漢文大系91史記十一（列伝四）』）。

ここでは、雄略が紀小弓に采女大海を随わせて、ようやく新羅への進発にこぎつけたという物語が、「推轂」という漢語でまとめられた、と理解しておこう。

古代の戦いと女性

なぜ、小弓は進発に躊躇したのだろうか。それは、古代の戦いの在り方と深い関係がある。古代の戦いに関わる伝承のなかに、女性の姿が垣間見えるのである。夫と謀って兵をおこし、崇神《すじん》天皇の軍と戦う吾田媛《あたひめ》伝承は、その一例である（『日本書紀』崇神天皇十年九月条）。蝦夷《えみし》征討を命じられた将軍が妻とともに出征したものの怖じ気づき、代わって妻が指揮をとって勝利に導いた伝承（舒明《じょめい》天皇九年〈六三七〉是歳条）も知られている。

白村江《はくそんこう》の敗戦で有名な百済救援の出兵では、斉明《さいめい》女帝の親征に宮廷中が従った。大海人《おおあま》皇子（のちの天武《てんむ》天皇）はいうまでもなく、その妻たちも同行し、途上で大伯《おおく》皇女たちが生まれている（斉明天皇七年〈六六一〉正月壬寅条〜三月庚申条）。額田王《ぬかたのおおきみ》が「熟田津《にきたつ》に船乗りせんと月待てば潮もかないぬ今は漕ぎ出でな」と歌ったのは、この遠征のときのことである（『万葉集』巻一―八番歌左注。斉明天皇作歌説もあり）。欽明《きんめい》紀には、新羅征討に派遣された副将川邊臣瓊缶《かわべのおみにへ》と坂本臣の女甘美媛《うまし》、調吉士伊企儺《つきのきしいきな》と妻大葉子《おおばこ》という二組の男女の伝承が記されている（欽明天皇二十三年七月是月条）。

　これらの伝承から、将軍は、単身で赴くのではなく、身近な親族をともなうことが珍しくなかったことがうかがえる。そのような習わしに従って、紀小弓・吉備上道大海も海を渡ったと思われる。つまり、「推轂」とは、その通例に従って雄略が小弓の進発環境を整え、ようやく出発させたことを意味するのである。

　なお、吉備上道采女大海は、吉備（現在の岡山県を中心とする地域）の上道の豪族女性である。古代のいくさの在り方との関連で、紀小弓が吉備の上道の豪族である大海と同行できた意味は大きい。『日本書紀』雄略天皇九年三月条で雄略が紀小弓たちに「王師を以ちて」新羅を討てと命じたが、「王師」は帝王の軍隊を意味する。しかし、実態からいえば、雄略天皇の時代には、国家的に編成・統率された軍隊があるわけではなく、豪族たちがそれぞれの支配下の兵力を率いたのである（井上光貞「大和国家の軍事的基礎」）。そして、海を渡り半島に向かった。紀氏は、本拠である紀伊の豊かな木材を利用した造船技術と航海術によって、倭国の朝鮮半島政策に長く関与した（岸俊男「紀氏に関する一試考」）。小弓の派遣もその一例である。

一方、吉備の上道が、古代において占める重要性も見逃せない。このあたりは、「弥生時代以来、農業・製塩・各種手工業の発達した列島内の先進地帯」であった（『国史大辞典』「備前国」＝吉田晶氏執筆）。奈良県の箸墓《はしはか》古墳の二分の一の相似形で築造された浦間茶臼山《うらまちゃうすやま》古墳があり、畿内を中心とした首長連合に早くから加わっていたことが明らかな地域である。上道氏にも、吉備上道田狭《たさ》・弟君《おときみ》父子（『日本書紀』雄略天皇七年是歳条）など、朝鮮出征伝承が多い。朝鮮半島遠征を命じられた小弓にとって大海は、願ってもない援軍だっただろう。

豪族女性の地位と采女

ところが、小弓は、戦いのさなかに新羅で病死する。

采女大海、小弓宿禰の喪《も》に従いて、日本に到来《まいけ》り。遂に大伴室屋大連に憂え諮《もう》してもうさく、「妾《やつこ》、葬《はぶ》らん所を知らず。願わくは良き地を占《し》めたまえ」ともうす。大連、即ち為に奏《もう》す。（略）ここに、大連、勅をうけたまわりて、土師連《はじのむらじ》小鳥《おとり》をつかわして、冢墓《はか》を田身輪邑《たんわのむら》に作りて、葬《はぶ》らしめたまう。これによりて、大海、よろこびて、自ら黙《もだ》すこと能わずして、韓奴室《からのやつこむろ》・兄麻呂《えまろ》・弟麻呂《おとまろ》・御倉《みくら》・小倉《おくら》・針《はり》、六口《むたり》を以ちて大連に送る。吉備上道の蚊島田《かしまた》邑の家人部《やかひとべ》、これなり。（『日本書紀』雄略天皇九年五月条）

大海は小弓の亡骸とともに帰還した。大海は、亡き夫・小弓を葬るべき適切な場所を求め、大連大伴室屋に尋ねた。室屋が天皇に奏すると、勅によって葬礼をつかさどる官人が任じられ、葬地が指示され埋葬がおこなわれた。大海は、大伴室屋に大いに感謝し、六人の韓奴を送った。吉備上道の蚊嶋田邑の家人部がそれにあたる、という伝承である。

韓奴とは、朝鮮半島から連れ帰った人々である。辞書類では「帰化して奴婢となった韓人」（『日本国語大辞典』）と説明されている。欽明朝にも、百済王から「高麗奴《こまのやつこ》」六人が献じられている（『日本書紀』欽明天皇十一年四月庚辰朔条）。『三国史記《さんごくしき》』には、五世紀に倭人が侵略し農民たちをさらっていった記事がみえる（『三国史記』新羅本紀、訥祇王二十四年〈四四〇〉条）。大海が連れ帰った六人が、もともと奴婢だったのか捕虜なのかは不明だが、それが大海の管轄下にあった点は注目される。はじめ小弓は、出兵の将に任じられたとき、大連大伴室屋を通じて自身の窮状を天皇に訴えた。ここには、大伴室屋と紀小弓の統属関係がうかがわれる。今回も大海は、室屋を通じて葬地の占定を求めた。結果、天皇からの勅を引き出した室屋に感謝し、遠征で得た韓奴の一部で、現在は大海の管轄下にある六人を送ったのである。大海は、夫と大連室屋の統属関係を活用でき、韓奴の采配もおこない得た。一連の流れは、古代社会での豪族女性の政治的な地位を反映したものとみてよいだろう。このような大海の伝承は、従来の悲惨な采女像とはおもむきを異にするエピソードである。

妻たちの任務遂行

ところで、雄略天皇七年是歳条には、べつの渡海した女性の伝承がみえる。樟《くす》媛という女性である。『日本書紀』によれば、雄略は、吉備上道田狭の妻・稚《わか》媛の美貌を聞いて寵幸したいと思い、夫である田狭を朝鮮半島の任那《みまな》に赴任させた。稚媛と雄略の婚姻を任地で聞いた田狭は天皇を恨み、倭国と不和だった新羅と結んだ。天皇は、吉備海部赤尾《きびのあまのあかお》と田狭の息子弟君に、新羅征討と百済からの才伎《てひと》（工人）の招聘を命じた。弟君は百済まで赴いたが、新羅への遠路を嫌い攻略を諦めたばかりか、父の田狭から謀叛をそそのかされる。ここで登場するのが、弟君の妻、樟媛である。彼女は、倭国に背こうとする夫を殺し、百済が献じた才伎を連れて吉備海部赤尾とともに倭国に帰ったという。細部は異なるものの、夫とともに渡海し、夫の死後、妻が現地の人々を引き連れて帰国するという展開は、采女大海の物語とよく似ている。ちなみに吉備海部赤尾が名乗る「海部」は、航海技術をもって知られる集団である。赤尾はその長だろう。樟姫は、海部を動かして日本海を渡って帰国した。樟媛に投影されたのは、才伎招聘という夫に与えられた任務を果たして天皇への奉仕を優先させた豪族女性像である。

古代の戦争で将軍の妻が同行し、ときに将軍の代行をなし得たのは、豪族としての政治支配を男女がともに担ったという背景があるからである。その延長として、女性は、一族単位でおこなわれた組織編成や軍事行動において、軍事指揮を含む任務を果たし得たのである（義江明子「戦う女と兵士」）。大海や樟媛の伝承は、このような古代社会の特徴を理解したうえで読むと腑に落ちやすい。

新羅・百済の争いと「うねめはや」

『日本書紀』は、新羅と百済のあつれきの描写に、采女を介在させている。

（允恭天皇）四十二年の春正月の乙亥の朔戊子に、天皇崩《かんあが》ります。時に年若干なり。是に、新羅王、天皇既に崩りましぬと聞き、驚き愁えて、調《みつき》の船八十艘と種々の楽人《うたまいひと》八十を貢上《たてまつ》る。（中略）遂に殯宮《もがりのみや》に参会《まいつど》えり。（『日本書紀』允恭天皇四十二年正月戊子条）

冬十一月に、新羅の弔使等、喪礼既におわりて還る。ここに新羅人、つねに京城の傍の耳成山《みみなし》・畝傍山《うねび》を愛《め》づ。すなわち琴引坂《ことひき》に到りて、顧みて曰わく、「うねめはや、みみはや」という。これいまだ風俗《くにひと》の言語を習わず。故《かれ》、畝傍山を訛《よこなば》りて、宇泥咩《うねめ》と謂い、耳成山を訛りて瀰瀰《みみ》と謂いしのみ。時に倭飼部《やまとのうまかいべ》、新羅人に従い、この辞《ことば》を聞きて、疑いておもえらく、新羅人、采女に通《たわ》けたりとおもう。すなわち返りて大泊瀬《おおはつせ》皇子に啓《もう》す。皇子、すなわち悉《ことごと》くに新羅使者を禁固《からめとら》えて、推問《かんがえと》いたまう。時に新羅の使者、啓して曰さく、「采女を犯すことなし。ただ、京の傍のふたつの山を愛でて言《もう》しつらくのみ」ともうす。すなわち虚言なるを知ろしめして、皆ゆるしたまう。ここに、新羅人、大きに恨みて、さらに貢上の物の色《しな》と船の数を減《おと》す。(『日本書紀』允恭天皇四十二年十一月条)

允恭天皇が亡くなり、新羅から弔問使がやってきた。献上品を積み込んだ船八〇艘などをつらねた大掛かりな使節団だった。使節たちは、滞在中、みやこ近くの耳成山と畝傍山の景観を好んでいた。葬礼が終わり帰国の途についた使節は、琴引坂で二つの山を振り返り「うねめはや、みみはや」といった。使節たちは、倭国のことばに習熟していなかったので、畝傍山をなまって「うねめ」といい、耳成山をなまって「みみ」といっただけだっ

図５　畝傍山（奈良県橿原市，橿原市観光政策課提供）

た。ところが、使節に従っていた倭飼部は、新羅人が采女と通じたと疑い、大泊瀬皇子（のちの雄略天皇）に報告した。皇子は新羅使を拘束し厳しく尋問した。新羅使は、疑いを否定し、二つの山を愛賞しただけだと弁明した。そこで倭飼部の報告が事実ではなかったことがわかり、新羅使を放免した。この事件は新羅の恨みを引き起こし、以後、新羅は貢上物の品種と船の数を減らしてしまった、という筋立てである。

あまりに無茶ないいがかりだが、その意味するところは何だろうか。

飼部は馬飼部とも書き、馬の飼育や調教などに従事した集団である。河内など各地に点在した。事件の発端を作った倭飼部は、大和に住んだ飼部である。古代氏族研究で知られる加藤謙吉氏によると、『古事記《こじき》』『日本書紀』の伝承や、河内国の諸遺跡から馬歯・馬骨・製塩土器とともに韓式系土器や陶質土器が出土することから、乗馬の風習が朝鮮半島から伝来したこととあわせて、彼らが渡来系の氏族だったことは確かだという（加藤謙吉「フミヒトの活動形態と機動性」）。日本古代史の平野邦雄氏は、『日本書紀』では、允恭紀の倭飼部による新羅使誣告だけではなく、じつは、河内の馬飼も新羅使に対して攻撃的・侮辱的な行動をとっている（継体《けいたい》天皇二十三年四月是月条、欽明天皇二十二年是歳条）ことを指摘し、「倭・河内馬飼の一貫した反新羅的行動は、偶然のことではないのであるまいか」と提起した（平野邦雄『大化前代社会組織の研究』）。高句麗・新羅・百済の歴史をまとめた『三国史記』には、倭国にいた百済人が、新羅は高句麗とともに倭国に侵攻しようとしていると讒言したという記事がある（『三国史記』朴堤上伝）。これは、五世紀の新羅の英雄、朴堤《ぼくてい》上《じょう》の伝記であり、新羅側の主張ではあるが、倭国内でも新羅対百済の調略戦があったことをうかがわせる。倭飼部の祖については断定はできないが、新羅対百済の抗争がベースにあって、「うねめはや」の物語が作り上げられた可能性があるのではないだろうか。その場合、采女は物語の構成要員として名前を使われたにすぎない。

古代の女性外交官と采女適稽女郎

海を渡る采女の二人目は、朝鮮半島の王国・百済の池津《いけつ》媛である。

百済の池津媛

（雄略天皇）二年の秋七月に、百済の池津媛、天皇の幸《め》さんとしたまうに違《たが》いて、石河楯《いしかわのたて》に婬《たわ》けぬ。〈旧本《ふるほん》に云わく、石河股合首《いしかわのまたあいのおびと》が祖楯という。〉天皇、大きに怒りたまいて、大伴室屋大連に詔《みことのり》して、来目部《くめべ》をして夫婦《おうとめ》の四支《てあし》を木に張りて、仮庪《さずき》の上に置き、火をもちて焼き死《ころ》さしめたまう。〈百済新撰《くだらしんせん》に云わく、「己巳《きし》年に蓋鹵《がいろ》王立つ。天皇、阿礼奴跪《あれなこ》を遣して、来たりて女郎《えはしと》を索《もと》めしむ。百済、慕尼《むに》夫人が女を荘飾《かざ》りて、適稽女郎《ちゃくけいえはしと》と曰いて、天皇に貢進《たてまつ》る」という。〉。（『日本書紀』雄略天皇二年七月条）

雄略天皇二年七月条が伝えるのは、天皇が幸しようとしたところ、池津媛が石河楯という男と婬したため、楯とともに焼殺されたという伝承である。『日本書紀』は、二人を「夫婦」と明記したが、これは、『日本書紀』がときどきみせる、述作上のほころびである。古代の日本では、男女の性的関係が始まったときから、それは婚姻だと認識された（関口裕子『日本古代婚姻史の研究』上）。池津媛と石河楯が「夫婦」と書かれたのは、二人の婚姻関係がすでに知られていた事情を示唆する。もともと夫のいる女性を、本人の意思に反して雄略が奪おうとしたということになり、雄略に理はない。雄略紀は、『日本書紀』三〇巻のなかの第一四巻にあたる。『日本書紀』には、到来した唐人が述作した巻と、倭人が述作した巻が混在している。雄略紀は、正しい漢文で書かれており、先に紹介したように執筆者は唐人の続守言だという（森博達『日本書紀の謎を解く』）。中国では、婚姻は儀礼に則ったものが正規のものとして認められ、それを経ない男女の結びつきは「姦」である（義江明子、伊集院葉子、ジョーン・R・ピジョー「日本令にみるジェンダー—その(1)戸令—」）。唐人知識人の常識からいえば、倭国の男女の結びつきは、とうてい婚姻とは認めがたいものだっただろう。にもかかわらず述作者が「夫婦」と書いたのは、その下敷きとなった何らかの伝承があったためだと考えられる。

池津媛の来倭について、送り出した側の史書である『百済新撰』は、百済の王の交代にあたって倭国から天皇の使者が到来し、女郎を求めたため、百済の慕尼夫人の娘を飾り立てて適稽女郎と呼んで天皇に貢進したとする。「女郎」は古代朝鮮語ではエハシトと読ませたようである。皇極《こうぎょく》紀では、百済王族である「女子」がエハシトと読まれている（皇極天皇元年〈六四二〉二月戊子条）。

『百済新撰』は、百済が、倭国に送る女性を王女クラスに使う「エハシト」と呼び、漢語の「女郎」の号を付して天皇に貢進した、と説明したわけである。なお、『百済新撰』にみえる己巳年は四二九年である。ところが、蓋鹵王は乙未年（四五五年）の即位であり、一致しない。己巳年の前々年（四二七年）に毗有《ひゆう》王（蓋鹵王の父）が即位しており、『宋書』百済国伝に元嘉七年（四三〇）の百済王余毗（毗有王）の朝貢記事もある。そこからみても、蓋鹵王とあるのは誤りで、ここは毗有王とすべきである（坂元義種「中国史書における百済王関係記事の検討」）。毗有王の即位にあたって、倭国から使者が赴いたと考える方が自然である。つまり、毗有王が適稽女郎を送り出したことになる。

采女適稽女郎

池津媛の物語には、三年後の記事に後日譚がある。

夏四月に、百済の加須利君《かすりのきし》、〈蓋鹵王なり。〉池津媛の燔殺《やきころ》されたるを飛聞《つたえき》きて、〈適稽女郎なり。〉籌議《はか》りて曰く、「昔、女人を貢《たてまつ》りて采女とせり。しかるを既に礼無《いやな》くして、我が国の名を失えり。今より以後、女を貢るべからず。」という。すなわちその弟、軍君《こにきし》に告げて〈崐支なり。〉曰く、「汝、日本《やまと》に往きて、天皇につかえまつれ」という。(『日本書紀』雄略天皇五年四月条)

百済王は、池津媛が焼殺されたことを聞き、臣下たちと相談して、「かつて女性を貢して采女としたが、無礼にしてわが国の名誉を失った。今後は女性を貢することはしない」と語った。池津媛は、百済が貢じた采女だというのである。采女が確実に制度化されるのは、七世紀以後のことで、それが律令制の采女につながっていった。『日本書紀』では采女制度成立以前の時期にも「采女」が登場するが、それが後世の采女につながる存在かどうかは、不明な点が多く、個別に検討したほうがよい。とりわけ、海外からの「采女貢進」事例は、池津媛の一例だけであり、慎重な考察が必要である。ここでは、百済が女性を派遣し倭国の朝廷に仕えさせた、それを『日本書紀』は「采女」と記したと考えておきたい。

適稽女郎の伝承に関して興味深いのは、百済王が「今より以後、女を貢るべからず」と宣言し、弟の軍君に「天皇に仕えまつれ」と命じて倭国へ派遣した、という経過である。

つまり、かつては女性を派遣したが、代わって、男性を派遣することを決めた。ここには、男女の交替を可能とする両国間の往来が記されている。倭国内で、地方豪族と王権の関係が直接的な結びつきによって維持された時代には、地方からの出仕は男女を問わず、交代も可能だった（伊集院葉子「髪長媛伝承の「喚」」）。そのような社会であれば、相手国次第では、外交関係でも、派遣人員に男女交代があったとしても不思議ではない。

『百済新撰』は、『百済記《くだらき》』『百済本記《くだらほんぎ》』とともに『日本書紀』分注に引用されている史書である。これらの百済史書は百済で書かれた書物ではなく、百済滅亡後、日本に亡命した百済人が、持参した記録を編纂してわが国の王権に提出したものだと考えられてきた（山尾幸久『古代の日朝関係』）。近年では、遠藤慶太氏が、百済史書の六世紀成立説を採り、亡命百済人ではなく、欽明朝以後に王権の側で活動していた百済系書記官の執筆によるものだとし、『日本書紀』に先行する百済史書がわが国の修史事業に与えた影響を指摘している（遠藤慶太『六国史』、同『日本書紀の形成と諸資料』）。

百済からの采女「貢進」の意味

「采女の「貢」とは何だったのか」の章でのべたように、倭の五王以来、倭国は、高句麗、百済、新羅、伽耶《かや》（任那）など朝鮮半島諸国との関係を対外認識の中心に置いた（仁藤敦史「東アジア世界と中華思想」）。『日本書紀』のなかでは、それらの諸国を倭国の下位に据え、物品だけではなく人材をも「貢」「献」する存在であるかように描かれた。それをよくあらわすのが、斉明天皇時代の次の記述である。

是の歳に、高麗《こま》・百済・新羅、並に使を遣して進調《みつきたてまつ》る。（略）蝦夷・隼人《はやひと》、衆《ともがら》を率て内属《まいきしたが》い、闕《みかど》に詣《まい》でて朝献《ものたてまつ》る。新羅、別《こと》に及飡《きゅうさん》弥武《みむ》を以ちて質《むかはり》とし、十二人を以ちて才伎者《てひと》とす。弥武、やまいして死《みう》せぬ。（『日本書紀』斉明天皇元年是歳条）

朝鮮半島三国からの使節派遣と貢ぎ物献上とともに、東国の蝦夷、九州の隼人が多数を率いて帰属し、大王宮に参じて貢物を献上したことが記される。さらに、新羅からは人質と技術者（才伎者）たちが送られてきた。倭国に、海外と列島の辺縁から続々と服属する人々がやってくるさまが描写される。この構造のなかでトップに立つのは倭国である。

じつは、『日本書紀』のなかで、采女に関して「貢進」という漢語が使用されるのは、雄略二年七月条が引用する『百済新撰』だけである。ほかは「貢」で、これは律令用語を使った文飾である（「采女の「貢」とは何だったのか」参照）。『百済新撰』が「貢進」という漢語を用いた意図は、両国の上下関係を百済の側から明示することにあったのだろう。

『日本書紀』には、朝鮮半島からやってきた女性が、ほかにも描かれる。

加羅王妹の来朝

（神功《じんぐう》皇后）六十二年に、新羅朝《まいでこ》ず。その年に、襲津彦《そつひこ》を遣して新羅を撃たしむ。〈百済記に云わく、「壬午年に、新羅、貴国《きこく》に奉《たてまつ》らず。貴国、沙至比跪《さちひく》（襲津彦＝筆者注）を遣して討たしむ。新羅人、美女二人を荘飾《かざ》りて、津《とまり》に迎え誘《おこつ》る。沙至比跪、その美女を受け、反《かえ》りて加羅《から》国を伐つ。加羅国の王己本旱岐《こほかんき》と児百久氐《はくくて》・阿首至《あしゅち》・国沙利《こくさり》・伊《い》羅麻酒《らます》・爾汶至《にもんち》等、その人民を将《い》て、百済に来奔《に》ぐ。百済厚く遇《もてな》す。加羅国の王の妹既殿《きでん》至《ち》、大倭《やまと》に向《まいで》きて啓《もう》して云《もう》さく、「天皇、沙至比跪を遣して、新羅を討たしめたまう。しかるを新羅の美女を納れ、捨てて討たず。反りて我が国を滅し兄弟・人民、皆、さすらえぬ。憂え思うにえ任《た》えず。故、以ちて来《きた》り啓す」ともうす。天皇大きに怒りたまい、すなわち木羅斤資《もくらこんし》を遣し、いくさびとを領《ひき》いて加羅に来集《まいつど》い、その社稷《くに》を復さしめたまう」という。（後略）〉。（『日本書紀』神功皇后六十二年条）

右は、新羅が倭国に朝貢しなかったため、襲津彦を派遣して新羅を撃たせようとした顛末を、『百済記』を引用し詳述したものである。それによると、襲津彦は、新羅の策にはまって美女に籠絡され、新羅攻撃を放棄したばかりか、逆に、倭国が平定した「七国《ななつのくに》」

(神功皇后四十九年三月条)の一つ、加羅を攻撃した。その結果、加羅王と王族、人民は百済に亡命した。このため、加羅王の妹、既殿至が来朝し、新羅の謀略と襲津彦の裏切りを神功《じんぐう》皇后に訴えた。神功皇后はたいへん怒り、人を派遣して加羅を復興させたという。王妹、既殿至が「大倭に向きて啓して云さく」(原漢文「加羅国王妹既殿至、向二大倭一啓云」)とは、加羅の王族女性が国の危機にあたって支援を求めてきたことを意味している。加羅王以下既殿至までの七人は、百済史書の研究の過程でも、考証史料がないため実像はわからない(三品彰英『日本書紀朝鮮関係記事考證』上)。不明な点が多い伝承だが、既殿至の人物像は、朝鮮半島諸国および倭国の攻防のなかで自国復興の使命を帯びて来倭した、まさに外交を担う人そのものにほかならない。

新斉都媛の派遣と七婦女

朝鮮半島諸国からの女性の来朝伝承は、既殿至だけではない。応神天皇十四年二月条にも、真毛津《まけつ》という名の縫衣工女《きぬぬいのおみな》が百済王の「貢」によって来朝し、来目衣縫《くめのきぬぬい》という技術者集団の始祖となった伝承がみえる。応神三十七年二月戊午朔条では、呉《くれ》に遣使し、縫工女《きぬぬいめ》を求めたところ、呉の王が、工女兄媛・弟媛、呉織、穴織の「四婦女」を倭国に与えたという。

『日本書紀』には、縫織の技能に秀でた女性たちの来朝記事が繰り返し掲載される。錯

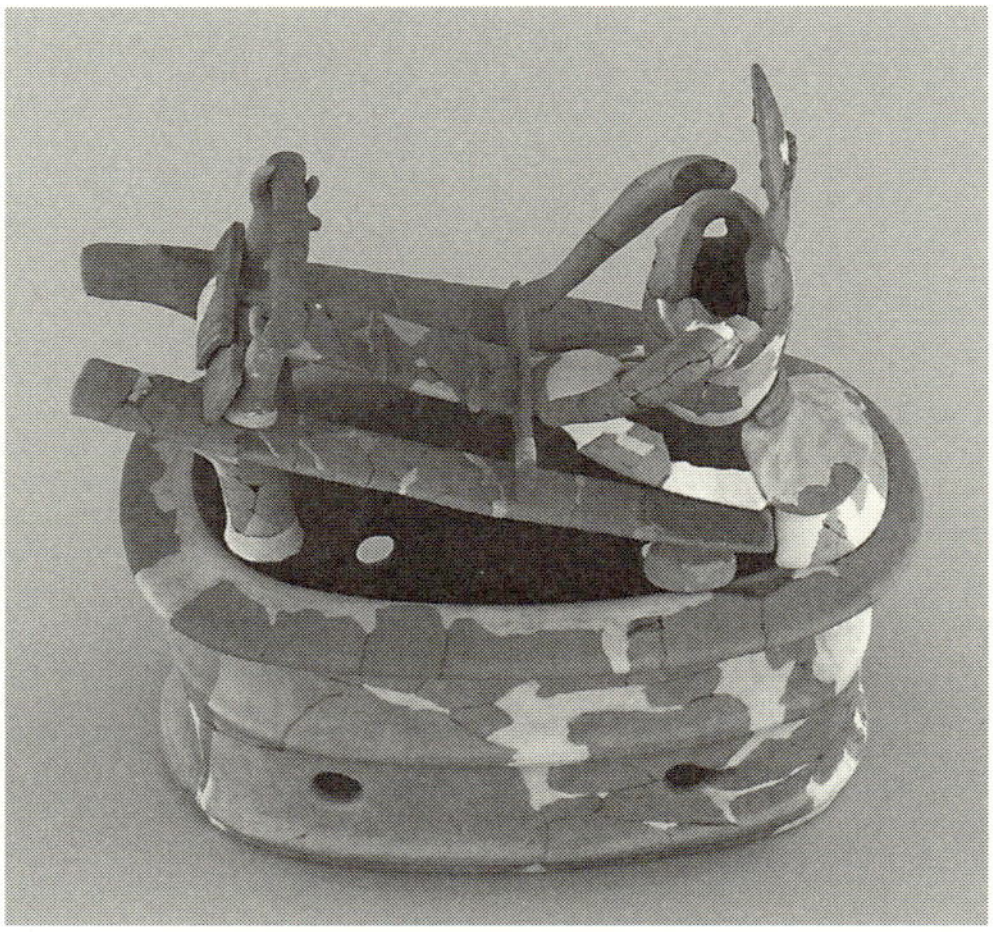

図６　機織形埴輪のうち地機埴輪（甲塚古墳出土，下野市教育委員会所蔵）

簡や重複もあり得るが、より本質的には、古代社会で縫織技術が重視されていたことの反映だろう。栃木県の甲塚《かぶとづか》古墳からは二基の機織形埴輪が出土しているが、一つは弥生時代からの系譜を引く原始機《げんしばた》、もう一つは、古墳時代後期に新たに伝来した地機《じばた》である（東村純子「古代織物生産の権力構造と女性」）。繰り返し工女の渡来を求めたのは新しい技術を摂取するためであり、海外との交流によって織機の改良や技術革新が進められたことがよくわかる例である（伊集院葉子「古代の政治空間のなかの女性―国家意志形成との関わりについて―」）。

ここで、応神天皇のとき、工女の渡来伝承が続いた後に置かれた、百済王が妹の新斉都《しせつ》媛《ひめ》を「遣」して倭国に仕えさせたという伝承を紹介したい。

三十九年の春二月に、百済の直支《とき》王、その妹新斉都媛を遣して仕えまつらしむ。ここに新斉都媛、七《ななたり》の婦女を率て、来帰《まいけ》り。(『日本書紀』応神天皇三十九年二月条)

新斉都媛が率いた「七婦女」とは何を意味するのだろうか。東アジア外交史の森公章氏は、倭国が百済を支援する条件には先進文物の供与があったと推定した。応神十四年の衣縫工女、十五年の阿直伎(八月丁卯条)、十六年の博士王仁(二月条)、三十九年の新斉都媛らの来帰によってもたらされた文物と人の提供こそ、倭国が百済に期待したものだという(森公章『東アジアの動乱と倭国』)。王妹の来朝にあたって侍女が従うことは当然であり、新斉都媛が連れてきた「七婦女」は、単なる侍女集団ではない。直前の応神三十七年の記事で、呉からの工女たちを「四婦女」と記述していることからみると、新斉都媛が率いた「七婦女」とは、何らかの専門的な技術、おそらく縫織技術をもつ集団を指すと考えてよいだろう。

古代交流史を専門とする田中史生氏は、当時の外交官が、使節としての役割だけではなく、専門的知識や技能を持つ集団を伴って渡来したことに注目した(田中史生『倭国と渡来人』)。専門的な技術をもつ女性たちを引き連れて到来した新斉津媛は、まさに知識と技能を提供する「外交官」の姿そのものである。

なお、『日本書紀』応神天皇三十九年二月条は、新斉都媛を派遣した百済王を直支王とする。ところが、直支王は、派遣時（応神三十九年＝四二八年）にはすでに死去していた（応神天皇二十五年条）。『三国史記』には、西暦で四二八年にあたる毗有王二年条に「倭国使至、従者五十人」という記事がある。新王即位からまもなく、倭国から五〇人の従者を引き連れた使節が来た。百済からは女性が来倭した。この『三国史記』の記事からみて、新斉都媛を派遣した王を毗有王としなければならないという（池内宏『日本上代史の一研究』）。応神三十九年二月条の百済王は、直支王ではなく、即位まもない毗有王のようだ。つまり、新斉都媛と池津媛の派遣者はともに毗有王ということになる。

『日本書紀』の記事の年代については、その真偽や矛盾が江戸時代から指摘されてきた。『日本書紀』の神功皇后紀、応神紀の年代にも作為があり、干支二巡（一二〇年）分繰り上げ、実際の年代よりも古い時代のこととして記載されているのである（那珂通世「上世年紀考」）。明治時代以降の本格的な検討の経緯と成果については、遠藤慶太、河内春人、関根淳、細井浩志各氏の編による『日本書紀の誕生』に研究史がまとめられているので参考にしていただきたい。

倭国・百済の「盟約」締結と新斉都媛

これまでも、新斉都媛と池津媛（適稽女郎）の二つの物語は「同一事実」である可能性がいわれてきた（たとえば山尾幸久『古代の日朝関係』）。先述したように、『日本書紀』が引用する百済の史書は『百済記』『百済新撰』『百済本記』である。『日本書紀』の朝鮮半島関係記事を検討した三品彰英氏によると、『日本書紀』における百済史書の引用は、応神三十九年条から雄略までちょうど一二〇年の空白があり、その間に『百済記』から『百済新撰』へと引用史書の乗り換えがおこなわれたという。応神以後の一二〇年間（仁徳天皇から安康《あんこう》天皇の五代）は、百済文献による朝鮮関係記事はまったくみられず、この間の朝鮮関係記事は、いずれも日本側の伝承らしい（三品彰英『日本書紀朝鮮関係記事考證』上）。池津媛の伝承も、百済側の『百済新撰』を参照しながら、主として日本側の史料に基づいて書かれたようだといわれてきた（池内宏『日本上代史の一研究』）。

現在、共通認識となっている年代でいえば、新斉都媛到来の応神三十九年は西暦では四二八年と考えられている。雄略天皇二年七月条が引用する『百済新撰』の、倭国の求めに応じて百済が適稽女郎を派遣した己巳の年は、四二九年である。新斉都媛と適稽女郎（池津媛）は同一人物で、四二八～四二九年ごろに渡来したとみておきたい。そして『日本書紀』の記載によれば、三〇年後の雄略二年（四五八年）に処刑されたのである。この推定が、年代からいえば成立する可能性もすでに指摘されてきた（平野邦雄『大化前代社会組織の研究』）。

池津媛について、采女研究の開拓者だった磯貝正義氏は、采女であったかどうかは疑問としながらも、采女が本質的に「人質」であったことを前提にした記述だとした（磯貝正義「采女制度の研究」）。磯貝氏の研究成果の上にたって中公新書『采女―献上された豪族の娘たち』を執筆した門脇禎二氏は、「人質でこそあれ百済の皇女」だったとし、池津媛の挿話を「采女とまぎらわれた女の悲史」だとのべるにとどまった（門脇禎二『采女』）。

しかし、新斉都媛＝池津媛の到来が四二八～四二九年ごろとすると、それは外交上の大きな画期にあたる。古代王権論の荒木敏夫氏は、古代の大王・王族の婚姻を政治だとする観点から、新斉都媛・池津媛伝承を倭国王の国際結婚の事例とみなし、外交上および政治的同盟・服属を確認する必要から婚姻を通じた関係を創りだしたと指摘した（荒木敏夫『古代天皇家の婚姻戦略』）。

『日本書紀』神功皇后四十九年三月条に、倭国による加羅七国の平定と百済への割譲が記されている。先の干支繰り上げ論に関して付け加えると、『日本書紀』には干支二巡

（二一〇年）の操作部分のほかに、三巡（一八〇年）繰り上げられている箇所があるという。神功皇后四十九年条もそれに該当し、今日では西暦四二九年のことと考えられている。このため、日本古代史の山尾幸久氏は、百済と倭国間の使者往来ののち、百済王が倭国に婦女を進めた点に「両政権の盟約」の締結をみた（山尾幸久「任那成立の史料について」）。森公章氏は加羅七国攻撃が四二九年だとするならば、百済から人質（池津媛＝適稽女郎）の派遣があり、これを受けて倭が百済とともに加耶（加羅）諸国を攻撃した可能性もあるとした（森公章『東アジアの動乱と倭国』）。近年では仁藤敦史氏が、百済王族女性の到来と倭国からの使者派遣による「同盟」成立の結果、行なわれた新羅・加羅に対する倭国と百済の軍事行動が、加羅に対する倭国の軍事行動の起源として神功紀に記載されたと推測した（仁藤敦史「神功紀外交記事の基礎的考察」）。

百済の「無礼」

新斉都媛・池津媛の到来は、倭国と百済の「盟約」の成立と軍事行動をもたらした。それでは、なぜ池津媛は三〇年後に処刑されたのだろうか。

これまでは、池津媛夫妻の処刑は、池津媛が采女であり天皇への貢上が決定しているにもかかわらずほかの男性と関係をもったことへの断罪だと考えられてきた（関口裕子「日本古代における「姦」について」）。しかし、「采女の「姧」と雄略天皇」の章でも詳述したように、采女の性関係が問われるのは、神祇祭祀のタブー侵犯があった場合であり、処罰されたのは男性である。池津媛が断罪された理由は、ほかに求めるべきだろう。考察のポイントは、池津媛が背負った役割である。池津媛の死に関して蓋鹵王は「無礼にしてわが国の名誉を失った」と口にした。外交上の「無礼」とは何だろうか。

応神紀には次の記載がある。百済の辰斯王《しんし》が天皇に「失礼」したため、倭国が人を派遣して王の「無礼」を厳しく追及させた。すると、百済は王を殺して倭国に陳謝した（『日本書紀』応神天皇三年是歳条）。これは、高句麗の広開土王碑文《こうかいどおうひぶん》で、辛卯の年（三九一年）に倭国が朝鮮半島に出兵し百済を破ったと記載された事件と関係するものだという（池内宏『日本上代史の一研究』）。「失礼」とは辰斯王の高句麗への接近ないし降伏を指すらしく、それに対する倭国の圧力が辰斯王の死をもたらしたのである（三品彰英「日本書紀朝鮮関係記事考證」上）。

同じく応神紀は、百済の阿花王《あか》による倭国への「無礼」があり、東韓の各地を奪われたため、百済は王子直支を「質」として入朝させたとする（『日本書紀』応神天皇八年三月条所引『百済記』）。この「無礼」は、広開土王碑文と『三国史記』にみえる三九四〜三九六年の対高句麗戦で、百済が敗北し高句麗に臣従したことを指すという（三品彰英「日本書紀朝鮮関係記事考證」上)。

仁徳天皇四十一年三月条では、百済に派遣された倭国使が国郡の境界を定め土地の産物を調査したときに、王族の酒君《さけのきみ》が「無礼」を働き、捕らえられて倭国に連行された。倭国支配への抵抗が咎められたのだろう。

百済の「無礼」に対する倭国の対応は、処刑、入質、連行と非常に厳しい。そこから考えると、百済の「失礼」「無礼」の具体的内容は不明だが、両国関係の悪化を引き起こすような事態を指すとみておきたい。つまり、「無礼」とは儒教的な礼規範からの逸脱ではなく、武力行動も含めた倭国への敵対行動もしくは利敵行為を指すと考えたほうが、『日本書紀』の百済関係記事の理解としては妥当だろう。

坂元義種氏は、『宋書』百済国伝に、毗有王のあと即位した蓋鹵王が、四五七年に宋に使いを送り、官職を求めたと書かれていることに注目した（「世祖大明元年、遣使求除授、詔許」)。坂元氏によると、現存史料でみる限り、それまでの百済王の官爵号は中国王朝側が一方的に授与したもので、百済側は受動的な姿勢だったのに対し、ここで初めて百済側から積極的な働きかけがおこなわれたという（坂元義種「中国史書における百済王関係記事の検討」)。

先にみた、加羅国の王妹既殿至来倭に関わる『日本書紀』神功皇后六十二年の記事は、干支三巡分のズレがあり、じつは四四二年のできごとだったという（山尾幸久「任那成立の史料について」）。記事中にある沙至比跪による加羅の蹂躙は、「ヤマト王権の独自の作戦」であり、その蹂躙から加羅を救い、「社稷の危局」を救ったのが木羅斤資だというのが筋立ての中心部分のようである（山尾幸久『古代の日朝関係』）。朝鮮古代史の井上直樹氏は、五世紀前半の百済と倭国間の軍事的衝突を推定し、倭国に対する百済の警戒心の強まりや対抗姿勢をみる（井上直樹「百済の王号・侯号・太守号と将軍号―五世紀後半の百済の支配秩序と東アジア―」）。

このような緊迫した情勢のなかで、倭王から「無礼」を咎められかねない事柄が発生し、人質処刑の誘因になったのではないだろうか。

池津媛の夫である石河楯は、『日本書紀』が引用した「旧本」で石河股合首の祖といわれている。倭国使に「無礼」を働いた百済王族、酒君は、倭国に連行されたのち、河内国石川郡の石川錦織首《いしかわのにしこりのおびと》許呂斯《ころし》の家に逃げ込み、生き延びた（仁徳天皇四十一年三月条）。この伝承は、石川錦織首が百済と何らかの関係があったことを推測させる。石河楯の素性は、石河股合首の祖というほかは不明だが、石川に居住した石川錦織首の例から想像をたくましくすれば、百済を出自とすると考えることも可能だろう。

石河楯と池津媛の婚姻時期は不明である。『日本書紀』では、采女への「姧」を罰する場合には男性が対象になり女性に累は及ばない（「采女の「姧」と雄略天皇」の章を参照）。にもかかわらず二人の処刑が伝えられたのは、科罰に値する「無礼」が池津媛＝百済国によるものだったからではないだろうか。『日本書紀』の注釈本である飯田秀郷の『日本書紀通釈』（一八九九年成立）は、書紀の記述とは違うが、と断ったうえで、楯が遠国に退去させられたという治田神社（奈良県明日香村岡）の古伝（「和州五郡神社略解」）を記す。楯までも刑死したという書紀の所伝には疑問が残るのである。

人質と外交官

『日本書紀』は、朝鮮半島からやってきた人々のうち、外交使節を「諸蕃使者」などと表現する。同時に、「質《むかわり》」＝人質と明記された人々もみえる。

皇極天皇のとき、百済王子の翹《ぎょう》岐《き》が倭国にやってきた。翹岐は、百済滅亡ののち、復興をめざす遺臣に請われて帰国した百済の「質」、王子余《よ》豊璋《ほうしょう》のことだという。両人が同一人物であることを論証した西本昌弘氏は、この時期の「質」は従者を引き連れた使節であり、使節団の長官（大使）だったと指摘した（西本昌弘「豊璋と翹岐—大化改新前夜の倭国と百済――」)。たしかに翹岐も、「大使」と明記されている(皇極元年〈六四二〉四月癸巳条)。「質」の役割は「王の身代わり」として外交関係で相手を裏切らない保証を与えたうえで、とくに強い政治的・軍事的な協力を働きかけることだった(山尾幸久『古代の日朝関係』)。古代交流史の田中史生氏も、「質」は屈辱的な屈服を強いられる捕虜のようなものではなく、実質は外交使節として渡来したと指摘する(田中史生『倭国と渡来人』)。

山尾幸久氏によると、池津媛の次に倭国に派遣された軍君の目的は、慢性的な戦争状態が続いていた対高句麗戦での軍事支援だったという。軍君は、一五年前後の倭国滞在ののち、蓋鹵王の死と次の文周王の即位の間に帰国したらしい(山尾幸久『古代の日朝関係』)。田中史生氏は、「質」が、その性格上、長期の滞在を余儀なくされたものの、派遣を命じた自国の王が死去すると帰国の機会が訪れることが多かったとした。田中氏は、雄略五年条の百済王弟・軍君来倭の記事中にある『百済新撰』の記載(新王即位時に倭国が遣使し女郎の渡来を求めたというもの)に着目し、軍君の前に百済から倭国へ「派遣」された池津媛も、百済王の即位(交替)と関わって渡来したとみている(田中史生『倭国と渡来人』)。

百済からやってきた翹岐（豊璋）は、『日本書紀』の記載によれば妻子を連れており（『日本書紀』皇極天皇元年五月丙子条）、皇極元年（六四二）から斉明七年（六六一）まで一九年間にわたって滞在した。

池津媛の死と物語の書き換え

「質」として来倭した外交官が親族をともなっていたことは、婚姻時期は不明ながら池津媛に夫がいたことともあわせ、倭国と朝鮮半島との外交の在り方を考えるうえで注目すべき事例だといえるだろう。

池津媛の名は、来倭後に与えられた日本風の通称のようである（池内宏『日本上代史の一研究』）。応神天皇七年九月条に、高麗、百済、任那、新羅から来朝した人々に池を作らせ「韓人《からひと》の池」といったという記事がある。応神紀と仁徳紀には治水土木記事が散見され、渡来人たちが主導的役割を果たしたと思われる。池津媛の名も、帯同した技術者たちが推進した造池事業に由来して「池」を付して尊称されたとみておきたい。

池津媛は火刑（焚刑《ふんけい》）に処された。『三国史記』や『三国遺事』にも火刑の例がみえ、朝鮮史の武田幸男氏も「火あぶりの英雄たち」に思いを寄せている（礪波護、武田幸男『世界の歴史6　隋唐帝国と古代朝鮮』）。『日本書紀』にも登場し印象深いのは、新羅の忠臣、朴堤上の物語である（『三国史記』朴堤上伝）。堤上は、『日本書紀』では毛麻利叱智《もまりしち》という名でみえ、倭国で「質」となっていた新羅王子を知略を尽くして帰国させ、自身は倭に捕らえられて焚刑に処された（神功皇后五年三月己酉条）。『三国史記』新羅本紀は、これを訥祇王二年（四一八）の事件とする。池津媛は百済の人ではあるが、その壮絶な死は、新羅の英雄の死と重なるように思われる。百済王の死をもって「無礼」を償わせた伝承（応神天皇三年是歳条）に通じるような、両国関係のあつれきのなかでの死が推測されるのである。『日本書紀』は、しばしば、天皇のキサキ候補と他男性との婚姻（履中紀の黒媛と住吉仲皇子など）や、性的タブー侵犯（允恭紀の木梨軽皇子と軽大郎女）などを、反逆や天皇への反乱とむすびつけて描いた（関口裕子『日本古代婚姻史の研究』上）。政治的抗争を恋物語に仮託し、女性をめぐる王たちの対立として描いたわけである。こうした述作の手法によって、池津媛の挿話が、雄略の寵幸を拒んだための死というストーリーに書き換えられたのではないだろうか。

池津媛（新斉都媛）は母国で適稽女郎と敬称され、四二八年〜四二九年ごろに人質として渡来し、同じころ、百済と倭国の「盟約」が締結された。「七婦女」と呼ばれる技術者集団を率い、倭国に長期にわたって滞在したが、百済王の交代による帰国がかなわないまま、両国関係の悪化のなか、異国で刑死した。百済から派遣されてきた歴代外交官リストに加えるべき生涯だったと思われる。

なお、先にみた、加羅国の王妹既殿至来倭を記録した神功皇后六十二年条は、じつは四二二年のできごとを指しているという（山尾幸久『古代の日朝関係』）。とすると、池津媛（＝適稽女郎）が倭国に滞在していたときに、加羅からも王妹が来倭したことになる。伝承とはいえ、『日本書紀』のところどころに、外交上の使命を帯びて海を渡る女性たちが描かれていることは、わが国や朝鮮半島諸国の古代社会をジェンダー視点で分析するうえで、手がかりになるのではないだろうか。

東アジアの女郎と采女

敬称としての「女郎」

池津《いけつ》媛は、百済《くだら》史書『百済新撰』では、適稽女郎《ちゃくけいえはしと》と呼ばれた。その意味は何か。采女《うぬめ》である池津媛が、一方で「女郎」と表記されたことは、今日の采女《うねめ》理解に影響を及ぼしていないだろうか。この章では、「女郎」という言葉の中国の使用と、朝鮮半島や日本への伝来、その後の日本社会のなかでの語義の変容を考えたい。

女郎とイラツメ

現代の辞書で「女郎（じょろう）」を引くと、「①身分のある女性。②若い女。また、広く女性をいう。③傾城《けいせい》。遊女。④（接尾語的に）女性の名前の下に付けて、軽い敬意や親しみを表す語。」（『広辞苑』第五版）とみえる。同じ辞書で「郎女（いらつめ）」は「若い女子を親しんでいう語」、ちなみに「郎子（いらつこ）」は「若い男子を親しんでいう語」である。

『古事記《こじき》』『日本書紀《にほんしょき》』『万葉集《まんようしゅう》』では、王族・豪族の女性名の末尾に「郎女」「娘」「娘姫」などがつけられ、「イラツメ」と読まれてきた。軽《かる》大郎女、衣通《そとおり》郎女（以上『古事記』）、衣通郎姫、伊賀采女《いがのうねめ》宅子《やかこ》娘、蘇我遠智《そがのおち》娘（以上『日本書紀』）などである。『万葉集』では、大伴坂上《おおとものさかのうえ》郎女、石川郎女、紀《き》郎女などの例がある。

『万葉集』には「女郎」がみえ、これもイラツメと読まれてきた。石川女郎、阿倍女郎、笠《かさ》女郎、大伴女郎、大神《おおみわ》女郎、紀女郎、久米《くめ》女郎らがいる。『古事記』には「郎女」はあるが「女郎」はないことが指摘されてきた（神田秀夫「「嬢子」と「郎女」」）。『日本書紀』では、「女郎」は、適稽女郎（＝池津媛）一人だけである。

郎女と女郎については、その語義の相違などについて主に『万葉集』を素材にした研究があり、そのなかでは漢籍での使用例も紹介されてきた。山田英雄氏は、古楽府《こがふ》の「木蘭《もくらん》詩《し》」、白居易《はくきょい》の詩のほか、『遊仙窟《ゆうせんくつ》』、『捜神記《そうじんき》』、『南斉書《なんせいしょ》』賈淵伝、『漢魏南北朝墓誌集釈』などの例をあげている（山田英雄「女郎・郎女・大嬢・娘子」）。山田氏は、女郎は優れた才能を有する女性を指し、美称にも使われたが、一方で郎女は、たとえば大伴家持の親族で目上の女性への称だとした。

つまり、郎女と女郎は成り立ちも意味も異なる言葉なのである。郎女は倭語の「イラツメ」に漢字「郎女」をあてたものであり、男性を指す「郎子」の対義語である（『古典基礎語辞典』）。「女郎」は、山田英雄氏が想定したように大陸伝来で、初めから漢語として倭国《わこく》に入ってきた言葉である。『万葉集』の「郎女」「女郎」は、編者が和漢の知識を動員し、意図して書き分けたとみておきたい。

なお、中国古代では、「郎」は男子に対する敬称として使われていた。

たとえば、三国の呉《ご》の初代皇帝孫権の兄、孫策は、一時、後漢末の群雄・袁術のもとにあったが、袁術は「もし孫郎のような息子がいたら、死んでも悔いはない」といったという（『呉書』孫策伝、「使術有子如孫郎、死復何恨」）。優れた若者に対する敬称としての「郎」である。袁術や孫策が生きた時代は二世紀末であり、『三国志』の成立は西晋の陳寿による三世紀末である。

晋・北魏の女郎

南北朝時代（五～六世紀）には、女郎の名称がいくつか確認できる。

南宋孝武帝（在位四五三～四六四）のとき、青州の古い墓から「青州世子、東海女郎」と銘が刻まれた墓誌が出土した。孝武帝が学士たちに来歴を下問したものの誰も答えられなかった。このとき、東晋の時代に士族譜を編纂した賈弼之の孫にあたる賈淵が、司馬越の女（東海女郎）が荀晞の子息（青州世子）に嫁したのだと答えたという（『南斉書』賈淵伝）。司馬越は東海王だった。晋の有力皇族で、八王の乱（二九一～三〇六年）で覇権を掌握した。その女は、父王の「東海王」から「東海女郎」と敬称された。一方、青州世子とは、青州を支配した荀晞の男子を意味する。出土は五世紀だが、墓誌製作は四世紀初めごろだろう。

北魏では、五二一年に亡くなった女尚書馮迎男の墓誌がみえる。「魏故宮御作女尚書馮女郎之誌」と銘された。女尚書は、孝文帝（在位四七一～四九九）の改革によって設置された女官組織の一員で、品秩（位階と俸禄）は三品《さんぼん》に相当した。ここでは女郎は高位の女官への敬称である。

同じく南北朝時代の長編叙事詩に「木蘭詩」（作者不明）がある。そのヒロイン、木蘭も「女郎」と呼ばれた。

木蘭は、老父に代わって戦地に赴き、一二年間に及ぶ転戦で軍功をあげた。王（作中では可汗《かがん》）は、高官に取り立てて功に報いようとするが、木蘭は辞し、戦友たちとともに故郷に帰還した。家に着くと軍服を脱いで衣裳を整え、化粧を施して門外に姿を現わした。

戦友たちは、「同行十二年、知らず木蘭の是れ女郎なるを」（「同行十二年、不知木蘭是女郎」）と驚いたという粗筋である。

「木蘭詩」は、南北朝時代を通じて最高の傑作だと評され（松枝茂夫編『中国名詩選』（中）解説）、ディズニーのアニメーション映画『ムーラン』（一九九八年）の素材になるなど、現代でも広く知られている。「木蘭詩」と木蘭故事の研究は、文学・歴史学の双方で蓄積がある。近年の整理によれば、木蘭故事とそれをモチーフにした原初的歌曲は五胡北朝時代の華北で生まれ、南朝に流伝し梁《りょう》の時代に軍楽「木蘭詩」として整備された。唐代にさらに文学的磨きがかけられ、現在に残る「木蘭詩」として完成されたという（板橋暁子「木蘭故事とジェンダー「越境」―五胡北朝期の社会からみる―」）。

「木蘭詩」にみえる女郎という語は、中国における早期の「女郎」の用例であり、「女郎」当人に敬意や親愛の情が示された事例の一つに数えられる。ただし、「木蘭詩」は韻文であるため、押韻の都合により「女郎」が用いられた可能性があることや、最終的には唐代に完成したものであることには留意しておきたい（板橋氏のご教示による）。

高句麗の女郎

朝鮮半島諸国では、高句麗《こうくり》の広開土王《こうかいどおう》（在位三九一～四一二）の碑文に「河伯女郎」がみえる。高句麗王の始祖伝承のくだりで、「始祖鄒牟王《すうぼう》」

料金受取人払郵便

本郷局承認

6771

差出有効期間
2026年7月
31日まで

郵便はがき

113-8790

東京都文京区本郷7丁目2番8号

吉川弘文館 行

愛読者カード

本書をお買い上げいただきまして、まことにありがとうございました。このハガキを、小社へのご意見またはご注文にご利用下さい。

お買上**書名**

＊本書に関するご感想、ご批判をお聞かせ下さい。

＊出版を希望するテーマ・執筆者名をお聞かせ下さい。

お買上書店名	区市町	書店

◆新刊情報はホームページで　https://www.yoshikawa-k.co.jp/

◆ご注文、ご意見については　E-mail:sales@yoshikawa-k.co.jp

ふりがな ご氏名		年齢　　歳　男・女
〒 □□□-□□□□		電話
ご住所		
ご職業		所属学会等
ご購読 新聞名		ご購読 雑誌名

今後、吉川弘文館の「新刊案内」等をお送りいたします(年に数回を予定)。
ご承諾いただける方は右の□の中に✓をご記入ください。　□

注文書

月　　日

書名	定価	部数
	円	部
	円	部
	円	部
	円	部
	円	部

配本は、○印を付けた方法にして下さい。

イ. 下記書店へ配本して下さい。
（直接書店にお渡し下さい）
（書店・取次帖合印）

書店様へ＝書店帖合印を捺印下さい。

ロ. 直接送本して下さい。
代金（書籍代＋送料・代引手数料）は、お届けの際に現品と引換えにお支払下さい。送料・代引手数料は、1回のお届けごとに500円です（いずれも税込）。

＊お急ぎのご注文には電話、FAXをご利用ください。
電話 03―3813―9151(代)
FAX 03―3812―3544

（朱蒙《しゅもう》）の母が「河伯女郎」と記された。建立は四一四年。河伯は、川の神のことである。

広開土王碑文とほぼ同時代とみられる高句麗の牟頭婁《むとうる》墓誌（五世紀前半）にも建国伝説が記され、鄒牟王（朱蒙）は「河伯之孫」と書かれている。『魏書』高句麗伝には、「朱蒙母河伯女」とあり、朱蒙は「河伯外孫」とある。これは高句麗建国伝説のもっとも早い、まとまった記述であり、この伝説が記録されたのは、四三五年に使者として平壌を訪れた北魏の李敖によると推定されるという（橋本繁「高句麗の始祖伝説」）。とすれば、「河伯女郎」は、晋の「東海女郎」と同じ用法であり、親の地位なり名号なりに「女郎」をつけたものとなる。

何はともあれ重要なことは、王朝の始祖の母に対する敬称として「女郎」が使われたことである。

新羅の女郎

新羅《しらぎ》でも「女郎」が確認できる。

新羅の都、慶州の南に位置する景勝地で一九七〇年、「蔚州《ウルチユ》・川前里《せんぜんり》書石」が発見された。その巨石には作成年が異なる複数の銘文が刻まれていたが、とりわけ法興王《ほうこう》（在位五一四〜五四〇）時代の二つの銘文に「女郎王」の号がみえることが注意を引く。

二つの銘のうち、第一の銘（原銘）は、「乙巳年」の年紀があり、五二五年のものである。葛文王《かつぶん》（法興王の弟）と妹「於史鄒女郎王」が貴族たちとともに渓谷に遊んだことを記す。

第二の銘（追銘）は、「己未年」五三九年に刻銘されたものである。葛文王と「於史鄒女郎王」の死後、葛文王妃が子（のちの真興王《しんこう》）や貴族を引き連れて、故人を偲ぶために来遊したことを記した。

この地は、葛文王によって「書石谷」と名づけられたが、巨石は長年の風雨にさらされてきただけに、銘文の判読も難しい。とくに女郎王の「王」は、「主」「三」とも読まれてきた。しかし、古代朝鮮史の橋本繁氏が近年二度にわたって現地で間近に実見調査した結果、「女郎王」と読めることが確認された（橋本繁「蔚州川前里書石原銘・追銘にみる新羅王権と王京六部」）。なお、新羅で九世紀末に完成した開仙寺石燈記に、「大王主」「皇后主」「大娘主」という称号がみえることが報告されている（赤羽目匡由「開仙寺石燈記」の基礎的研究」）。これからすると「女郎主」の可能性も否定できないが、川前里書石と開仙寺石燈記の製作年代の差三五〇年余を考慮すると、一概に女郎主とは判断しがたい。現時点では橋本氏の指摘に従っておきたい。いずれにしても、六世紀初めに「女郎」という号が使用されたこと自体は動かない。

六世紀前半の新羅では、寐錦《みきん》王と葛文王という二王が並立していた。「二重王権体制」と呼ばれる（武田幸男『新羅中古期の史的研究』）。橋本氏は、複数の王が併存していた状況下で王族女性が「王」と称されていることは、王族内の女性の地位の高さを意味する可能性があると指摘する（橋本繁「蔚州川前里書石原銘・追銘にみる新羅王権と王京六部」）。王族内で高い位置を占める女性の王に対し、「女郎」を冠した意義は大きい。

広開土王碑の建立は四一四年。先にみた百済の新斉都媛《しせつ》（池津媛＝『百済新撰』では適稽女郎）の到来が四二八～四二九年ごろ、死は四五八年である。新羅では五二五年と五三九年の銘文に王妹が女郎と記された。朝鮮半島で、「女郎」という言葉が女性に対する抜群の敬称だった時代に、池津媛（適稽女郎）は生きたのである。

前章の「海を渡る采女」で、池津媛派遣に関して『百済新撰』が「貢進《こうしん》」という漢語を用いたのは、両国の上下関係を百済の側から明示するためだったとのべた。「女郎」と敬称されるほど身分高い女性が、宮女である「采女」として貢進されたとする記述は、倭国が百済の上位にあることを明確にしようとする『日本書紀』の編纂意図からみても有益だったのである。

唐代に目を転じてみよう。この時代、日本でもっとも有名な「女郎」は、七世紀末に書かれた小説『遊仙窟』に登場する崔《さい》女郎だろう。

『遊仙窟』の崔女郎

唐代の文人・張鷟《ちょうさく》（張文成《ぶんせい》）作である。

『遊仙窟』は、地方に派遣された科挙《かきょ》出身の才子が、その途次に神仙境に迷い込み、絶世の美女に出会って歓楽の一夜を過ごすという物語である。美女は、博陵《はくりょう》王の末裔で清《せい》河《が》崔公の旧族であり、弘農楊《こうのうよう》氏に嫁いだ身だと紹介される。つまり、博陵崔氏と清河崔氏の両方に連なる身であると名乗っているわけである。博陵崔氏とは、博陵という地を本貫とする崔氏という意味で、後漢以来の名門である。唐の太宗が、貴族の家格を序列化するために『貞観氏族志《じょうがんしぞくし》』を作らせたとき、唐の帝室である李《り》氏は第三等に置かれ、博陵崔氏がトップランクに載せられた。これは太宗の許容するものにはならず、結局、第一等に李氏を据え、崔氏を第三等に置く改訂が施された（『旧唐書』高士廉《こうしれん》伝、『新唐書』高倹《こうけん》伝）。それほどの名族である。清河崔氏も、南北朝から唐にかけて第一流の家柄を誇った名門である。そのうえ、崔女郎は、弘農楊氏の夫人だという。弘農楊氏は、後漢の高官・楊震《ようしん》の子孫にあたる名族であり、隋の初代皇帝・楊堅《ようけん》（文《ぶん》帝）は、この楊氏の出身と称した。その系譜の真偽はともかく、弘農楊氏も、王朝の創始者がみずからの出自に掲げたほどの名門だったわけである。

ただし、ヒロインの出自に関する設定は荒唐無稽である。同姓不婚を原則とする中国社会では、博陵崔氏と清河崔氏の間に直接の婚姻はあり得ず、その末裔だと公言することは、さらに考えがたい。唐代の読者は、女主人公の出自が虚構であることを了解したうえで、物語を享受したのだろう。作者は、ヒロインの尊貴性を浮き立たせるツールとして「崔女郎」と呼ばせたのだと思われる。

長安や洛陽などの中国都市文化史を専門とする妹尾達彦氏は、唐代の恋愛小説を素材に、九世紀に恋愛が成立していく過程を分析した。八、九世紀から一一、一二世紀にかけて、支配階層は従来の貴族から科挙出身の士大夫《したいふ》層に転換してゆく。こうした変化のなかで、長安には科挙受験生が集まった。恋愛小説の書き手と男主人公の大半は、科挙受験生か合格者であり、女主人公は、科挙受験生が唯一自由に接することができた妓女《ぎじょ》（遊女）である。唐代恋愛小説の完成は、九世紀まで待たなければならないが、その嚆矢が七世紀末の『遊仙窟』である（妹尾達彦「恋をする男―九世紀の長安における新しい男女認識の形成―」）。妹尾氏は、恋愛小説が生まれてくる分析のなかで、社会の変化と性差の強化をも明らかにした。このような時代の変化と、崔女郎の呼称は無関係ではないと私には思えるのである。

日本の女郎と采女

『万葉集』の「郎女」と「女郎」

繰り返しになるが、『万葉集』には「郎女」と「女郎」が混在する。

この両者について、「女郎」は「郎女」の誤りだとしたのが、江戸時代中期の国学者、賀茂真淵《かものまぶち》である。たとえば、巻四—五一九番歌の作者は、今城王《いまき》の母である大伴女郎だが、真淵は、大伴旅人《おおとものたびと》の妻である大伴郎女（巻八—一四七二番歌左注）と同一人物とみなし、旅人の妻であるのに「大伴女郎」と書かれたのは「必ひがことなるをもて、惣てをも知べし」とした。大伴郎女を大伴女郎と書いたのは絶対に誤り（ひがごと）であり、ほかの「女郎」もすべて「郎女」でなければならないというわけである。真淵の判断の根拠は、わが国古代の文献に「女郎」という字がみえないということだった（賀茂真淵『万葉考別記』）。しかし、『万葉集』の女郎と郎女の記載には法則性があり、ルールに基づいて書き分けられたのである。

まず、郎女の意味であるが、『万葉集』では、大伴坂上郎女について、彼女の家が坂上里にあったため、一族の人々が坂上郎女と呼んだと説明されている（巻四―五二八番歌左注、「郎女家㆓於坂上里㆒。仍族氏号曰㆓坂上郎女㆒也」）。山田英雄氏が指摘したように、「郎女」が、家持の目上の親族女性への敬称として使用された例である。

一方で、女郎はどうだろうか。大津《おおつの》皇子《みこの》宮《みや》に侍した石川女郎について、原注で、「女郎の字《あざな》（通称）は山田《やまだ》郎女といった」と説明されている（巻二―一二九番歌左注、「大津皇子宮侍石川女郎〈略〉女郎字曰㆓山田郎女㆒也」）。石川女郎は通称を山田郎女といった。ここでは、明らかに「女郎」と「郎女」は使い分けられている。石川という氏《うじ》の名を帯びる女性が、親しい人々からは山田郎女と呼ばれたというわけで、この使用法は意識的である。単純に「女郎は郎女の誤り」では片づけられないのである。

平群氏女郎と律令女官

『万葉集』に女郎の説明はないが、興味深いのは、「平群氏《へぐりのうじ》女郎」という女性の存在である（巻十七―三九三一番歌題詞）。平群氏女郎は、越中守として赴任していた大伴家持《やかもち》に一二首の歌を贈ったが、その送付方法は、折々、地方へ使者として派遣される官人に託したと説明される（巻十七―三九四二番歌左注）。律令国家の行政は文書主義であり、必要に応じて中央と地方を使者が往還した。その使いに託して歌を送るのは、誰にでも可能なことではない。

　平群氏女郎は、平群という氏の名を冠して呼ばれているが、これは、平群＋氏＋女郎、という表記方法である。この時代は、宮廷に出仕した女官は、采女であれば出身郡名をつけて呼ばれた（磯貝正義『郡司及び采女制度の研究』）。また、五位以上の高位に登ることが可能な有力氏族は、氏上《うじのかみ》の推薦で女性を出仕させることが求められていた。この制度は、女性に氏の名を背負って官仕させるしくみであり、彼女たちを「氏女《うじめ》」という。彼女たちは、いわば氏の代表である。そのなかから、後宮十二司のトップを占める尚侍《しょうじ》《ないしのかみ》（内侍《ないし》の司《つかさ》長官）、尚蔵《しょうぞう》《くらのかみ》（蔵司《くらのつかさ》長官）たちが任命されていったのである。平群氏女郎という表記は、ほかの文献には見当たらないため、『万葉集』オリジナルの用法かもしれないが、呼び名のルールとしては、氏から出仕した女官をあらわす表記である（伊集院葉子『古代の女性官僚』）。平群氏は、大和国平群地方を拠点とする古代の有力豪族であり、『日本書紀』にも祖先伝承を残している。奈良時代には、キサキや五位にのぼった高位の女官たちが出ている。平群氏から出仕した女官であれば、地方へ派遣される官人に私信を託すことも可能だったのではないか。平群氏女郎は、平群氏の名を負った氏女であり、女官だったと推測しておきたい。

『万葉集』の「女郎」には、安倍女郎、中臣《なかとみ》女郎、平群氏女郎、紀女郎、石川女郎、大伴女郎などがおり、それぞれの氏の名をつけて呼ばれる。ただ、どんな氏でも女郎と呼ぶかというと、そうではない。先述した、五位以上に到達し得る有力氏族の女性につけられているのが特徴である。出仕していれば令制の「内命婦《ないみようぶ》」（五位以上の位階を帯びる女官）になり得る女性が該当するのである。一方、大伴氏、紀氏、石川氏などには、郎女と女郎が混在する。これらの氏族女性の「郎女」は、先に山田英雄氏の説を紹介したように、身近な人への敬称である。

郎女は、イラツコと対をなす倭語のイラツメに、それぞれ郎子・郎女の漢字があてられたものである。一方、「女郎」は、地位のある女性への尊称・敬称として東アジアの用例を受け入れたといっていいだろう。少なくとも『万葉集』では、氏族を代表して出仕した女性たちへの敬称として使用されたと考えている。

『万葉集』の女郎は貴族女性だった。ところが、今日、「女郎」と聞いてまず思い浮かぶのは遊女である。わが国では「女郎」は、いつから遊女の意味で使われるようになったのだろうか。

江戸時代初期の軍記と「女郎」

関ヶ原の戦（慶長五年〈一六〇〇〉）を経て江戸幕府が成立したのち、戦国時代の合戦を伝えるおびただしい軍記が作られた。江戸時代後期に編纂された古典文献の叢書『群書類従《ぐんしょるいじゅう》』『続群書類従』合戦部にも、地方の合戦を含めた軍記が収められている。

その一つ、『豊後陣聞書《ぶんごのじんききがき》』に興味深い記述がある。『豊後陣聞書』は、関ヶ原の戦の際の九州地方での黒田孝高《くろだよしたか》・長政《ながまさ》父子の武勲を著述した軍記である。黒田父子は東軍、当時は豊前《ぶぜん》国中津《なかつ》一二万石の大名だった。『豊後陣聞書』に、大坂から脱出して薩摩に向かう島津義弘《しまづよしひろ》の船団を、国東《くにさき》半島沖で黒田側が攻撃する場面がある。船団には「島津公の御母公、同北の御方」（島津義弘室と忠恒《ただつね》室）の御座船《ござぶね》があり、黒田側の海賊に攻撃され火に包まれる。船内には非常に品の良い「上臈《じょうろう》」たちがいて「御女郎の御小袖御ぐしのあたりに火もえつき……千尋の底に沈みたまう」と描写される。船中で猛火に追われる「下女下人」も描かれる。ここでは、島津家の妻室の侍女を「上臈」「御女郎」と呼ぶ一方、身分の低い人々を「下女下人」と呼び区別しているわけで、明らかに「女郎」は敬意を表するべき女性の呼称である。『豊後陣聞書』は、合戦当時、黒田孝高のそば近くに仕えていた田代彦助らが八〇余歳になってから聞書としてまとめられたもので、寛文三年（一六六三）に成立した（『群書解題』豊後陣聞書）。あれこれの軍記物語の影響があっただろうが、『豊後陣聞書』には、「女郎」という言葉が江戸時代初めには身分ある女性を指す言葉として通用していたことが示されている。

西鶴・近松の女郎

一方で、江戸時代の早い時期に、遊女の意味で「女郎」と書いた冊子が刊行されている。延宝六年（一六七八）成立かとみられる藤本箕山の『色道大鏡』や、貞享五年（一六八八）の「諸国色里案内　貞享五年板」である。江戸時代前期に、「女郎」が多様な意味合いで使われていたことが確認できる一例といえる。

同じ時期の井原西鶴《いはらさいかく》の浮世草子『好色一代男《こうしょくいちだいおとこ》』（天和二年（一六八二））では、大名の北の方に仕える奥女中を「女郎」と呼ぶ。下級女中は「おはした」である。『好色五人女』（貞享三年）のお夏清十郎の物語では、「女郎」はもっぱら遊女の意味で使われる。

近松門左衛門《ちかまつもんざえもん》の人形浄瑠璃『おなつ清十郎』のヒロインは、旅籠《はたご》の娘であり、遊女ではないが、手代《てだい》同士は会話のなかで「お夏女郎」と呼ぶ。物語のなかでは、お夏の母が「室《むろ》の女郎」であり、遊女だったことも語られる。手代が「お夏女郎」というときは「お夏お嬢さん」の意味であり、お夏の母が「女郎」だったというときには遊女の意味である。初演は宝永四年（一七〇七）かという（井原西鶴と近松門左衛門作品の引用は、新編日本古典文学全集による）。

女郎の語源と国学者

女郎の語源の一つに、高位の女房を指す「上臈」が変化したものだという説があるが、実証という点で決め手にかけるように思われる。元和五年（一六一九）から八年にかけて長崎を中心に活動したスペインのドミニコ会宣教師コリャードの『懺悔録』には、傾城だった女性の告解のなかにjŏrŏmachiという言葉があり、近年では「上郎町」と翻字されている（日埜博司『コリャード懺悔録』）。しかし、そこから「女郎」へ変化したかどうかは判断しがたい。

西鶴や近松の用例が、実社会の口語を反映していたのかどうかは疑問が残るが、少なくとも一七世紀末から一八世紀初めごろは、身分ある女性や、一般女性への敬称、遊女などの意を含めて「女郎」という言葉が認識されていたことはいえるだろう。

江戸時代半ばの国学者、谷川士清《たにかわことすが》は『日本書紀通証』（宝暦十二年〈一七六二〉刊行）で、適稽女郎につけられた「女郎」の説明に「白楽天詩ニ木蘭曽作二女郎一来」（白楽天詩に「木蘭、かつて女郎となり来たれり」）と注した。これは、白居易が木蘭の花を素材に詠んだ

「戯題二木蘭花一」（『白氏文集』）の結びの一節であり、木蘭が男装の戦士だったことを歌い上げた部分である。ここには、古代東アジアの女郎の使用例に則して理解を促す姿勢が見受けられる。

ところが、幕末近くになると、江戸時代の「女郎」観を古代文献の解釈に投影する述作が、国学の世界でみられるようになる。

橘守部の「女郎」理解

国学者の橘守部《たちばなもりべ》は、『万葉集』に登場する女郎たちの多くを遊女とみた（『万葉集桧嬬手《ひのつまで》別記』、嘉永元年〈一八四八〉未完）。

『万葉集』には、「安積山《あさかやま》影さえ見ゆる山の井の浅き心を我が思わなくに」の歌と、それにまつわるエピソードがおさめられている（巻十六―三八〇七番歌）。葛城《かずらき》王が都から陸奥に出向いたとき、国司の奉仕がなおざりであることに怒り、宴席でも楽しむ様子がみられなかった。このとき、かつて朝廷に仕え、帰国していた前采女で風流なる娘子《おとめ》が、左手にさかづき、右手に水をもって登場した。前采女は、王の膝を打ちながら「安積山」の歌を詠んだ。王はたちまち上機嫌となって、宴会は盛り上がった、という話である。

『万葉集』には、遊行女婦《ゆうこうじょふ》と呼ばれる歌い手が登場し、国衙《こくが》・官人の酒宴などで歌を披露する。大伴旅人が大納言に任じられて筑紫《つくし》から帰京する際の宴席に出席し（巻六―九六六番歌左注）、別の宴でも出立する人に歌を贈った筑紫娘子（字は児島、巻三―三八一番歌題詞）、大伴家持の下僚である越中介内蔵縄麻呂《くらのなわまろ》の館の宴に出席した蒲生《がもう》娘子（巻十九―四二三二番歌題詞）たちである。

橘守部は、これらの遊行女婦を「あそびめ」と理解した。そのうえで、『万葉集』に多数みえる「＊＊娘子」と呼ばれた女性たちも、中央官人下向時の饗応のために国司たちが備えた遊行女婦だと考えた。

さらに、守部は、「安積山」の歌の陸奥国前采女について、遊行女婦との共通性にふれ、都の習わしを心得ていなければ高官の歓待はできないだろうとして、遊行女婦は多くは前采女らしいとした。『万葉集』には、笠女郎、紀女郎、安倍女郎、中臣女郎など、女郎という敬称をつけられた女性たちの作歌が収められているが、彼女たちの歌が自由で身分にこだわらない打ち解けたものであることを理由に、彼女たちをも遊行女婦だとしたのである。

守部は、遊行女婦と判断される「娘子」に限って「女郎」と書かれたと理解し、遊行女婦と「女郎」とを結びつけるにいたった。守部は、「中昔の末にもあそびを女郎といいて、今世にも然《し》かよべり」という。中古にはあそびを女郎といい、いまもそう呼んでいる、というわけである。今世、つまり守部が生きた現代（幕末に近い時期）には遊女は女郎と呼ばれた。『万葉集』の時代も同じだというわけである。女郎といえば性を売る遊女を指すことが定着した幕末近い社会の状況をさかのぼらせて、『万葉集』の女郎たちを遊女とみなしたのである。なお、守部は、「郎女」と「女郎」は異なるものだとみており、大伴坂上郎女や巨勢郎女など『万葉集』に系譜が明記されている豪族出自の「郎女」についてては遊行女婦の判断は下していない。

遊行女婦とは何か

『万葉集』の遊行女婦の最大の特徴は、地方の国衙・官人の酒宴・送別の宴への列席と歌の披露である。彼女らは、高度な作歌の力量を身につけていた。そのような技量を得る機会をもつことができたのは、地方豪族層の女性だと考えられている（大多和朋子「遊行女婦考―日本古代史における遊女の一起源の研究―」）。

遊行女婦は、専門歌人として宴席に列席した。宴会後の共寝《ともね》は気にいった者同士の間でおこなわれ、性の買売にともなう金銭などの授受はおこなわれなかったという。そのうえ、性交渉がすなわち結婚を意味していた古代の日本では、性的関係に進んだ官人と遊行女婦の結びつきも結婚として認識されていた。男女関係がそのまま結婚として捉えられる遊行女婦は、性を売ることを職業とする女性ではあり得ないのである（関口裕子『日本古代婚姻史の研究』下、同『日本古代女性史の研究』）。遊行女婦が売春を生業にしていたという史料も存在しないもとでは、「遊行女婦がただの買売春婦であるとの説は、「遊女」の語を現代的にのみ解釈し、それに拘泥された結果」にほかならない（大多和朋子「遊行女婦考」）。古代・中世の買売春の成立と変容を「遊行女婦《うかれめ》」をキーワードにして分析した服藤早苗氏によると、芸能を披露したあと、客と性関係ももつ買売春が萌芽するのは、平安時代の九世紀末から一〇世紀初頭ごろだという。ここが、日本における買売春の大きな画期であり、八世紀の奈良時代には買売春は未成立である（服藤早苗『古代・中世の芸能と買売春』）。

前采女と遊行女婦

橘守部は、「安積山」の陸奥国前采女の都会風のふるまいにふれ、遊行女婦だと想像した。守部の説によると、中央からの高官の接待のためにそれらの女性を用意しておいたということになる。はたして采女は、そのような存在なのだろうか。

采女は、律令では郡の大領《だいりょう》・少領《しょうりょう》の姉妹か娘であることを条件とされた。郡領《ぐんりょう》の交代にともない帰還しても不思議ではない。病気や高齢を理由に引退する場合もあるだろう。国家の政策遂行のために、故郷に帰還を命じられた采女もいた。

八世紀前半、東北地方は非常に緊迫していた。もともとは蝦夷《えみし》が住んでいた地へ朝廷が東北膨張策を推進し、これに反発した蝦夷の反乱が起きていたのである。七二〇年代には、中央から派遣されてきた按察使《あぜち》（地方行政監察官）上毛野広人《かみつけののひろひと》など、中央役人の殺害まで引き起こされる事態となっていた。

戦乱に巻き込まれた陸奥の人々の疲弊もはなはだしく、朝廷は、調庸《ちょうよう》を免除し、養老六年（七二二）には、陸奥から出仕していた兵衛《ひょうえ》と采女たちを本国に帰らせた（『続日本紀』養老六年閏四月乙丑条）。

兵衛と采女は、地方の有力豪族層である郡領の一族であり、律令の資格要件をクリアして選ばれた人材である。古代社会で、生産の場で豪族女性がリーダーシップを発揮したことを考えれば、采女の帰還は疲弊した地域の復興に役立ったにちがいない。「安積山」の前采女は、国衙役人たちの窮地を救った。その機知は、たしかに都の風流を熟知した経験と才のなせるわざである。出仕する時点で選ばれた人材である女性が、帰還後も地方の官衙で頼りにされていたようすが想像できる。「安積山」の伝承も、このような各地の前采女の姿を映し出したものとして捉えたほうが、古代社会の実態に即しているだろう（伊集院葉子『古代の女性官僚』）。

守部が想定したような、遊行女婦を近世の「女郎」＝遊女と同一視する説も、遊行女婦の多くを前采女とみなす説も成り立ち得ないのである。

もともとは女性への敬称である「女郎」が、今日では遊女の別称となり定着してしまった。さらに、『万葉集』の采女や女郎たちを性的に隷属的な存在であるかのようにみる誤解が根強く残っている。この曲解の一因に、先にみた『遊仙窟』の影響を考えたい。

女郎と遊女

唐代の愛情小説で描かれるのは仙女《せんにょ》と才子の恋である。仙女の多くは妓女（遊女）であり、舞台は妓館、愛情小説の特徴を一言でいえば好色的ということになる（近藤春雄『唐代小説の研究』）。この種の小説の先がけが『遊仙窟』である。

『遊仙窟』が描いたのは遊里《ゆうり》の情景であり、崔女郎を「花魁《おいらん》」、崔女郎と男主人公をとりもつ女性（作中では女郎の義姉）を「遣手《やりて》」、男を客と考えた方が理解しやすいと評されてきた。遊里での遊びを理想化された形で表現したわけである（前野直彬他訳『幽明録・遊仙窟他』作品解題）。

先述したように、唐代は従来の貴族に代わって科挙出身の士大夫層が台頭した。その時代に書かれた『遊仙窟』では、女主人公は漢魏以来の名族の出自を標榜して登場する。客である才子は、科挙出身者である。女郎と敬称されるほどの女性が新興支配層に性を売る物語は、支配層の交替を暗示するものといえるだろう。

作者の張鷟の著作は新羅や日本で重んじられ、遣唐使が来朝するたびに大金を積んで購入したという（『旧唐書』『新唐書』張鷟伝）。

『遊仙窟』は中国では早く失われたが、日本で長く人気を博した。好色淫穢《いんえ》のゆえだという（近藤春雄『唐代小説の研究』）。中国文学の竹村則行氏は、『遊仙窟』が六朝時代に盛行した美文調の漢文（駢文《べんぶん》）で書かれたことに、本国で亡失した理由を見出した。竹村氏によると、唐代に入って行われた古文運動によって、旧型で形骸化した駢文が排斥されるにいたり、「時代を代表する文体の座を明け渡す」ことになったという。結果、読者と後継者を失い、本場中国では散佚したと分析した。一方、中国伝来の漢籍を崇拝する日本では、艶情小説である『遊仙窟』批判は表面化せず、むしろ肯定的な評価が優先したのだといういう。その風潮は江戸時代の戯作文学と「マッチ」し、江戸期に繰り返し出版された（竹村則行「『翰苑』及び『遊仙窟』の中国散佚と日本伝存の背景」）。なお、江戸時代に出版されたもののうち、元禄三年（一六九〇）の『遊仙窟鈔』は、『元禄三年刊橘守部旧蔵本　遊仙窟鈔』上下（勉誠社）として一九八一年に刊行されている。林望氏の解説によると、江戸時代以前の諸本のうち、挿画をつけた唯一の伝本であったこともあり人気を博し、多く刷られ広く流布したという。

日本で、女郎を遊女とする語義が定着した一方、中国ではどうだっただろうか。今日、中国語圏最大の中国語辞書を自認する『漢語大詞典』によると、女郎の語義は、「年軽女子」、年若い女性である。中国では、女郎は遊女の代名詞にはならなかったのである。

『天寿国繡帳』の采女と大女郎

中国王朝の采女

プロローグ「幽玄の采女像」で触れたように、倭語のウネメの語源は不明である。だが、「采女（サイジョ）」という漢語は、古代中国・漢の制度に由来する。

漢代の皇后と妃妾たち

中国歴代王朝の正史には、諸制度の由来として「漢魏の制」に依ったという表現があり、后妃制度も例外ではない。まず、漢代の後宮《こうきゅう》制度をみておこう。

後宮のトップは皇后だが、皇后の号と地位は、前漢当初から確立していたわけではない。皇帝と皇后が対比されるものとされ、皇后の権威が皇帝支配体制の枠内で明確に位置づけられるのは、前漢武《ぶ》帝（在位前一四一～八七）期以降である。後漢にいたって天子と一体の存在としての皇后の地位が確立した。とはいえ、第四代和《わ》帝（在位八八～一〇五）のころから、皇帝の絶対的な尊貴性が皇后との一体性に優越する情況がみえ、さらに歴代皇帝の生母への皇后追尊や皇后位授与が繰り返されたことによって、現実の皇后の権威は相対的に低下したという（保科季子「天子の好逑―漢代の儒教的皇后論―」）。

前漢では、建国の初めは皇后以外の妃妾を夫人といい、また、美人、良人、八子、七子、長使、少使を置いた。後代からみれば、制度としてはシンプルともいえる。ところが、武帝と元帝（在位前四九～三三）の時代に妃嬪の名号が追加され、後宮は肥大化していった。結局、『漢書』には、昭儀、倢伃、娙娥、傛華、美人、八子、充依、七子、良人、長使、少使、五官、順常、無涓、共和、娛靈、保林、良使、夜者、上家人子、中家人子という名称がみえる（『漢書』外戚伝上）。少使以上と五官以下は画然とした区別があり、男官との対応関係でいえば、昭儀～少使は公卿・大夫に相当し、五官以下は士階級に相当した。上家人子と中家人子は、採択されたものの職号未定の女性たちだという（鎌田重雄「漢代の後宮」）。

前漢の武帝以後、妃妾が増え続けて三千に及び、国費の濫費と外戚の災いが生じたと評された（『後漢書』皇后紀上）。

この制度に大ナタを振ったのは、後漢を起こした光武帝《こうぶ》（在位二五～五七）である。光武帝は、后妃の号を皇后と貴人とし、その下に「美人」「宮人」「采女」という三等の宮女を置いた（『後漢書』皇后紀上）。貴人は皇帝の貴妾であり、「美人」以下の宮女は「賤妾」で、その間には、はなはだしい差別があったといわれる（鎌田重雄「漢代の後宮」）。

後漢の「采女」

後漢では、毎年八月に官吏を洛陽市中に派遣し、姿色端麗、人相が法にかなう年齢一三～二〇の「良家」の女性を宮中に連れて帰り、さらに適否を調べて採用した。

漢代では、皇帝と皇太子の側近の官に、良家の子弟から選ばれる規定が多いとされる。同時に、後宮の女性たちも良家の女子から選ばれる規定だった。漢代の良家とは、多くの場合、官人・官女を採用する条件としてあげられるもので、「七科謫（罪を犯した吏など、当時の社会通念から罪ある者と考えられた七種類の人々＝筆者注）にあたる諸身分や医・巫・工等を除いた庶人の範囲」だという（堀敏一「漢代の七科謫とその起源」、同「漢代の良家について」）。

後漢の后妃は皇后・貴人の二等であり、宮女は美人、宮人、采女の三等である。ところが、『後漢書』百官志は、掖庭令《えきていれい》（後宮の事務と妃嬪・宮女を管掌する部局の長官）本注にその職掌として、貴人と采女に関することをつかさどる（「掌後宮貴人采女事」）と記し、三等の宮女全体を示す意味で「采女」を使用した（『後漢書』百官志三少府）。采女の号を用いれば、宮女全体を意味するという認識である（伊集院葉子「采女論再考」）。

現在、私たちが読む形の『後漢書』が、複雑な経緯を経て成立したことは指摘されてきたところである（近年では、小林岳『後漢書劉昭注李賢注の研究』）。百官志を含め、現行『後漢書』の志は晋の司馬彪が撰した『続漢書』の志を南朝梁の劉昭が用いて補ったものであり、本紀・列伝を撰した南朝宋の范曄の著述ではないが、采女という言葉で美人、宮人を含めた宮女全体を指し示す用法が、遅くとも三世紀には存在していたことは注意しておくべきだろう。唐代に入ると高宗の皇太子李賢《りけん》は『後漢書』桓帝鄧皇后紀にある「采女」への注で、「采」は「択」の意味であり、采択されたことによって采女と名づけられた（「采、擇也。以因采擇而立名」）と解説した。「采女」という語によって宮女全体を表現するのは、宮女の登用が采択から始まることを踏まえた用法であり、早くから定着していたとみてよいだろう。

江戸時代～明治期の研究

わが国では、『日本書紀《にほんしょき》』の采女（ウネメ）と中国の「采女」（サイジョ）は早くから関連づけられてきた。『日本書紀』の考証学的な研究が始まった江戸時代中期には、国学者谷川士清《たにかわことすが》が、『日本書紀通証』（宝暦十二年〈一七六二〉刊）で采女初見記事（仁徳四十年是歳条）に注釈して「采女出二後漢皇后紀一註ニ曰采ハ擇也以下因二采擇一而立上名ク」と書いた。

さらに河村秀根《かわむらひでね》の『書紀集解《しょきしっかい》』（天明五年〈一七八五〉成立）は、「後漢書鄧皇后紀ニ曰進テ入テ二掖庭ニ一爲リ二采女ト一絶幸註ニ曰采ハ擇也以因テ二采擇一而立レ名ヲ」とした。両者とも、『後漢書』を引用し唐代の李賢注を踏襲しながら、采女の名の起源が漢代に遡ることを指摘し、采女の淵源を考えようとしたのである。

明治時代にいたると、采女の号が後漢の宮女の名号「美人、宮人、采女の三等」に由来することを和田英松が『官職要解』（一九〇二年）で明快に説き、一九〇六年には、女官・女房の沿革をまとめた浅井虎夫が、唐制に「采女」、漢にも「彩女」があることを重ねて指摘した（浅井虎夫『女官通解』）。漢語「采女」の表記については中国王朝の制度に由来することは共通理解となっている。

皇后になった「采女」鄧猛女

後漢の第一一代皇帝・桓《かん》帝（在位一四六〜一六七）には三人の皇后がいた。最初の皇后が梁女瑩《りょうじょえい》、二代目が鄧猛女《とうもうじょ》、最後の皇后が竇妙《とうみょう》である。

初代皇后の梁女瑩は、第八代順帝（在位一二五〜一四四）の皇后梁氏と、そのもとで権力を掌握した外戚、梁冀《りょうき》の妹である。梁女瑩の死後、皇后に立てられたのが、もと采女の鄧猛女である。

鄧猛女は第四代和帝（在位八八〜一〇五）の皇后鄧氏一族の出自である。鄧氏一族は、鄧太后の死後、誣告《ぶこく》によって失脚し、宗族は皆免官された（『後漢書』鄧騭伝）。猛女は、父鄧香を早く亡くした。母が、幼い猛女を連れて梁紀という男と再婚したため、猛女も梁姓を名乗った。この再婚相手が、梁冀の妻、孫寿の親族だったのである。孫寿は、猛女の美貌を見込んで後宮に入れ、采女としたという。猛女は桓帝の絶大な寵を得て、梁女瑩の死後、一五九年に皇后となった。后位に登ったのち、実父の鄧姓に復した。

鄧猛女が皇后となったことへの批判は強かった。『後漢書』五行志二「災火」は、桓帝在位時の一六一年に、南宮嘉徳殿、官署、武庫、光武帝陵墓の長寿門で火災があったと記す。これは、鄧猛女を皇后とし、その生母や兄弟ら功績のない者を諸侯に封じたことを白馬令の李雲が諫《いさ》め、死んだために起きた災いだという。そのなかで鄧猛女は「賤人」でありながら寵を得、貴人を経て皇后に登り詰めたと指弾された。

鄧猛女は、桓帝が寵愛する郭貴人と争い、一六五年に廃され憂死した（『後漢書』桓帝鄧皇后紀）。なお、先ほどから紹介してきた、『後漢書』皇后紀の「采女」に対する李賢注は、この鄧皇后紀に書かれたものである。

鄧皇后が廃されたのち、一六五年に皇后に立てられたのが竇妙である。

竇妙は、第三代章帝（在位七五〜八八）の皇后竇氏の一門の出である。鄧氏廃后ののち、選ばれて後宮に入り、貴人を経て桓帝三人目の皇后に立てられたものの、寵愛は薄かった。桓帝は、皇后には目もくれず、田《でん》聖《せい》という采女に夢中だったのである。死の直前、桓帝は、田聖たち九人を貴人とした。皇后に次ぐ地位である。桓帝は後嗣のないまま亡くなり、竇妙が皇太后となって臨朝し、霊帝（在位一六七〜一八九）を立てた。竇太后は、桓帝の葬儀も終わらないうちに田聖を殺害した。ほかの貴人たちをも殺そうとしたが、宦官の管霸らに諫められてとどまったという（『後漢書』桓思竇皇后紀）。

寵姫になった「采女」田聖

後漢の后妃の号は「皇后」と「貴人」であり、両者の区分けは明確だった。さらに、貴妾である「貴人」と、賤妾としての美人、宮人、采女の厳格な区分けが存在した。にもかかわらず、采女が貴人や皇后になる例が繰り返されたのである。

『後漢書』五行志は、もと采女の鄧猛女を「賤人」と呼ぶが、采女の地位そのものは後宮の雑役を担う立場ではなかった。桓帝のとき、宮女の採択は五〇〇〇～六〇〇〇人にのぼり、さらに下働きにあたる厮役・従使の女性にいたってはその倍に及んだという（『後漢書』桓帝鄧皇后紀、荀爽伝）。後漢の采女は、皇后を頂点に置く後宮のヒエラルキーのなかでは低位ではあるが、皇帝の妃妾たり得る存在でもあったのである。

光武帝による建国から一〇〇年余を経て、前漢滅亡に学んだ制度改革は形骸化してしまったといえる。その後の王朝も、前漢の後宮制度を継承することになる。

魏・呉・蜀三国と晋の後宮

三国の魏《ぎ》（二二〇～二六五年）は、後漢の献帝に禅譲《ぜんじょう》させて建国し、太皇太后、皇太后、皇后の制度も漢を踏襲した。妃嬪については新設と停廃を繰り返した。特徴的なことは、後漢皇帝から魏王に封じられた曹操のときに夫人、昭儀、倢伃など前漢の名号を復活させたことである。これは魏王の後宮制度として発足したが、漢魏交替以降の魏皇帝の後宮にも引き継がれた。文帝（在位二二〇～二二六）と明帝（在位二二六～二三九）のときにも制度改変がおこなわれ、結局、貴嬪、淑媛、脩容、良人、淑妃、昭華、脩儀、容華、美人など、のちの王朝に踏襲された多くの名号が立てられた（『三国志』魏書、后妃伝）。后妃伝では漏れているが、才人も置かれたようである（『三国志』魏書、曹爽伝）。

明帝のときのことである。蜀《しょく》と呉《ご》との緊張のなかにありながらの宮殿造営と後宮の肥大化に危機感をもった高官の高柔は、宮殿建造の見直しと後宮の定員削減を皇帝に進言し容れられた。このとき高柔は、宮女の増大のありさまを「広くおおくの女を采り、後宮を充盈《じゅうえい》す」とのべた（「廣采衆女、充盈後宮」『三国志』魏書、高柔伝）。

また、呉（二二二〜二八〇年）には皇后、夫人、美人（『呉書』妃嬪伝ほか）、蜀（二二一〜二六三年）には皇后、貴人、昭儀があったようである（『蜀書』二主妃子伝ほか）。蜀の後主（在位二二四〜二六三）は、常に女性を採択し後宮を充たしたい（「後主常欲采擇以充後宮」）と望んでいた（『蜀書』董允伝）。

『三国志』で、後宮女性の獲得に「采」が使われ、「采衆女」「采擇」と表現されていたことは留意すべき点である。

晋《しん》（西晋二六五〜三一六年。東晋三一七〜四二〇年）は、漢魏の後宮制度を採用した（『南史』后妃伝上）。三夫人（貴嬪、夫人、貴人）、九嬪（淑妃、淑媛、淑儀、修華、修容、修儀、婕妤、容華、充華）のほか、美人、才人、中才人を置いた。

初代の武帝（在位二六五〜二九〇）は好色で知られる。武帝は、天下の婚姻を禁じたうえで、公卿以下の身分の女子を採択した（『晋書』武帝本紀泰始九年〈二七三〉七月条）。同じく『晋書』の胡貴嬪伝によれば、このとき選ばれた胡芳という女性は貴嬪となり武帝の寵愛を専らにしたという。前近代中国の百科事典ともいうべき「類書」の一つ、一〇世紀に成立した『太平御覧』の巻一四皇親部一一・嬪条には、胡芳について「采女胡芳爲貴嬪」とのべる『晋起居注』の佚文《いつぶん》が引かれている（安田二郎「西晋武帝好色攷」）。起居注とは皇帝の日々の言動を側近官が記録した文書である。つまり、武帝の同時代人によって書かれた文書のなかで、武帝に採択された宮廷女性を指して「采女」が使用されたわけである。

南朝の采女

東晋のあとをおそった南朝にも、采女出身の妃妾の例がみえる。

東晋の禅譲によって建国した宋（四二〇〜四七九年）は、後宮制度もおおむね東晋にならった。孝武帝（在位四五三〜四六四）、明帝（在位四六五〜四七二）が妃嬪の新設・停廃を重ね、三夫人、九嬪のほか、美人、才人、中才人、良人を置いた（『宋書』后妃伝、『南史』）。

続く斉《せい》（南斉、四七九〜五〇二）も、制度改変を繰り返しながら、三夫人、九嬪、美人、中才人、才人などを置いた（『南史』后妃伝上、『南斉書』皇后伝）。斉の武帝（在位四八二

〜四九三）の寵妃・荀昭華《じゅんしょうか》（南康王子琳《しりん》の母）は、もとは采女だった（『南史』南康王子琳伝）。

次の梁（五〇二〜五五七）は、三夫人、九嬪のほか、婕妤、容華、充華、承徽、列栄、美人、才人、良人などを置いた（『南史』后妃伝上）。梁でも采女は確認できる。元帝（在位五五二〜五五四）の生母阮令嬴《げんれいえい》は、本姓は石《せき》氏だった。南斉の皇族始安王遙光《ようこう》、廃帝東昏侯宝巻《ほうかん》の後宮に侍したが、彼らのあいつぐ滅亡ののち、南梁初代皇帝武帝（在位五〇二〜五四九）の采女となった。元帝を産み修容《しゅうよう》（九嬪の号の一つ）に昇格し阮氏を賜姓された。武帝に先立って死去したが、元帝即位後、文宣太后を追号されている（『南史』后妃伝下、『梁書』阮脩容伝）。

南朝最後の王朝である陳（五五七〜五八九）は、梁制をそのまま継承した（『南史』后妃伝上、『陳書』皇后伝）。

北朝の采女

北朝にも采女がいた。

北魏《ほくぎ》（三八六〜五三四）は、鮮卑《せんぴ》族の拓跋《たくばつ》部によって建国された王朝である。早い時期に貴嬪、左右昭儀、貴人などが置かれたが、漢制に近いしくみが整えられたのは、孝文帝《こうぶんてい》（在位四七一〜四九九）の時代である。左右昭儀、三夫人、九人の嬪のほか、世婦、御女が置かれた。また、后妃とは別に女官組織を整備して内事を管掌させた。前後の王朝では妃嬪のうちに数えられた美人、中才人、才人は、北魏では「女職（女官）」として位置づけられた（『北史』后妃伝上）。孝文帝の治世の前半は馮太后の執政下にあり、官人への俸禄制、均田制などの漢化政策が推進された。諸改革のなかで後宮官制も整備されたのだろう。

北斉《ほくせい》（五五〇～五七七）は、北魏の末である東魏から禅譲を受け建国された鮮卑族の王朝である。建国後の一〇余年間は、夫人、嬪、御の称があり、第四代武成帝（在位五六一～五六五）のときに三夫人、九嬪、二七人の世婦、八一人の御女の制が確立した。漢制に準じて昭儀が置かれた。八一御女までが妃妾である。女色を好んだと正史に書かれた武成帝は、御女の下に、才人と采女を置いた。これらは散号（称号のみの地位）だったという（『北史』后妃伝上）。

北周《ほくしゅう》（五五七～五八一）は、やはり北族系の宇文《うぶん》氏による建国である。第四代宣帝（在位五七八～五八〇）が五皇后を立てる（『周書』宣帝楊皇后伝、宣帝紀大象元年七月壬子条、同二年三月甲辰条）など、歴代王朝が踏襲した漢魏制とは異なる制度をもった。また、都と諸州に使いを派遣し士民女性を選んで後宮にいれた（「遣使簡視京兆及諸州士民之女、充

選後宮」『周書』宣帝紀大象元年五月条)。

隋・唐代の采女

隋《ずい》では煬帝《ようだい》(在位六〇四〜六一八)のときに、貴妃、淑妃、徳妃の三夫人、順儀、順容、順華、脩儀、脩容、脩華、充儀、充容、充華の九嬪、婕妤一二人、美人、才人の一五世婦、宝林二〇人、御女二四人、采女三七人を置いた。総数一二〇人である。六局二四司の女官組織も置かれた(『隋書』后妃伝)。

唐は、隋の制度の大枠を踏襲し、皇后の下に、貴妃、淑妃、徳妃、賢妃の夫人、昭儀、昭容、昭媛、修儀、修容、修媛、充儀、充容、充媛の九嬪、婕妤九人、美人九人、才人九人、宝林二七人、御女二七人、采女二七人を置いた(『旧唐書』『新唐書』后妃上)。六局二四司の女官組織も置かれた(『新唐書』百官二宮官)。

中国の采女と日本の采女

采女(サイジョ)は、『後漢書』百官志掖庭令本注にみられるように、初めは宮女の代名詞だった。魏晋南北朝を通じて受け継がれていたことは、正史の記載で確認できる。隋唐制では、妃妾の一角、といっても最下位の地位に数えられ、六局二四司から構成される後宮女性官司に配属される女官とは明確に区別された。

こうして概観してみると、中国歴代王朝の采女は、妃妾たちの最底辺に置かれた性的にも隷属的な存在であり、君主の恣意に翻弄される立場という印象が残る。
『日本書紀』に記された采女（ウネメ）の姿は、中国の采女（サイジョ）とはまったく異なる。吉備《きび》上道《かみつみち》采女《うねめ》大海《おおあま》は、夫とともに海を渡り、遠征途上での夫の死後、大伴大連《おおとものおおむらじ》と夫の統属関係を活用して埋葬まで遂行した豪族女性であり、百済《くだら》から渡来した池津媛《いけつ》は古代の女性外交官というべき存在だった（「海を渡る采女」の章を参照）。神助を得るために胸方神《むなかたのかみ》に派遣された采女の伝承も残る。

中国とわが国の采女の性格は、なぜ、このように大きく隔たっているのだろうか。考えられるのは、古代中国と日本の社会の違いに基づく、性差（ジェンダー）の影響である。中国では比較的早く父系社会が成立した。一方でわが国では、七世紀末から八世紀初頭にかけて、中国を手本とする律令国家体制の構築にともない父系原理が公的に導入され、八世紀を通じて社会に浸透していった（義江明子『つくられた卑弥呼』）。中国とは異なり、双方的な社会であったわが国では政治から女性を排除する考えが乏しく、女帝が輩出する素地ともなっていたのである（義江明子『推古天皇』）。

豪族女性の役割を、大王との婚姻によって王権と豪族を結ぶ紐帯《ちゅうたい》となることのみだと考える人々も多い。しかし、現在までの古代史と女性史・ジェンダー史の到達点を踏まえて『日本書紀』を読み直していくと、朝廷への出仕が男女交替可能であった（伊集院葉子「髪長媛伝承の「喚」—地方豪族の仕奉と王権—」）古代社会のなかで、外交的使命を帯びて大海原を往来した女性たちの姿がみえてくる（「海を渡る采女」の章も参照されたい）。大王の宮廷で、また地方豪族が支配する列島各地で、豪族女性たちが男性とともに政治的行動を担い役割を果たしたことは明らかである。

このように中国とは性格の異なるわが国の宮廷女性に、なぜ「采女」という漢語がかぶせられたのか。それは、漢籍と中国の諸制度に通じた人々によって、「采女」という漢語が、宮廷で働く女性の代名詞として適切と判断されたからだろう。

『天寿国繡帳』をめぐる推古と采女と大女郎

『古事記《こじき》』『日本書紀』の采女《うねめ》には、中国歴代王朝の低位の妃妾や宮女像が投影されたことをみてきた。記紀の成立は八世紀である。わが国で、「采女」という漢語は、どこまで遡れるのだろうか。日本古代史の史料は非常に少ないため確定は難しいが、検討の糸口になるものが、奈良・斑鳩《いかるが》の中宮寺《ちゅうぐうじ》に伝えられてきた『天寿国繡帳《てんじゅこくしゅうちょう》』である（図7、以下、「繡帳」と略す）。

『天寿国繡帳』

繡帳は、飛鳥時代に造られた刺繡の、文字通りの帳《とばり》である。厩戸《うまやと》王（聖徳太子）が推古三十年（六二二）に亡くなったあと、妻の一人だった橘《たちばな》大女郎の請いにより、祖母の推古《すいこ》天皇が「諸采女」に命じて造らせたものである。色彩豊かな天寿国の刺繡のなかに、

図７　『天寿国繍帳』（中宮寺所蔵）

一〇〇個の亀甲の図柄が配置され、亀の背に文字が四つずつ縫いつけられていた。合わせて四〇〇文字が語るのは、繡帳作成の由来である（以下、由来文については「銘文」と呼ぶ）。

じつは、繡帳は、現在は断片が残っているだけである。銘文も、一〇〇の亀甲のうち、残存するのはわずか五箇で、単独で残っている文字を加えても三〇字足らずである（大橋一章『天寿国繡帳の研究』新装版）。ところが、平安時代に成立した聖徳太子の伝記『上宮聖徳法王帝説』に、繡帳の銘文が書き写されていた。このおかげで、私たちは、銘文の内容と作製の由来を知ることができるのである。全文は次の通りである（飯田瑞穂「天寿国繡帳銘の復原について」から。ゴシック体は筆者がつけた）。

斯歸斯麻　宮治天下　天皇名阿　米久爾意　斯波留支　比里爾波　乃彌己等
娶巷奇大　臣名伊奈　米足尼女　名吉多斯　比彌乃彌　己等爲大　后生名多
至波奈等　已比乃彌　己等妹名　等已彌居　加斯支移　比彌乃彌　己等復娶
大后弟名　乎阿尼乃　彌己等爲　后生名孔　部間人公　主斯歸斯　麻天皇之
子名蕤奈　久羅乃布　等多麻斯　支乃彌己　等娶庶妹　名等已彌　居加斯支
移比彌乃　彌己等爲　大后坐乎　沙多宮治　天下生名　尾治王多　至波奈等

巳比乃彌　己等娶庶　妹名孔部　間人公主　爲大后坐　瀆邊宮治　天下生名
等巳刀彌　彌乃彌己　等娶尾治　大王之女　名多至波　奈**大女郎**　爲后歳在
辛巳十二　月廿一癸　酉日入孔　部間人母　王崩明年　二月廿二　日甲戌夜
半太子崩　于時多至　波奈**大女**　**郎**悲哀嘆　息白畏天　皇前曰啓　之雖恐懐
心難止使　我大王與　母王如期　從遊痛酷　无比我大　王所告世　間虚假唯
佛是眞玩　味其法謂　我大王應　生於天壽　國之中而　彼國之形　眼所叵看
悕因圖像　欲観大王　住生之状　天皇聞之　悽然告曰　有一我子　所啓誠以
爲然勅諸　**采女**等造　繡帷二張　畫者東漢　末賢高麗　加西溢又　漢奴加己
利令者椋　部秦久麻

〔大意〕磯城島《しきしま》の宮で天下を治めた欽明《きんめい》天皇（斯歸斯麻宮治天下天皇）は、蘇我大臣稲《そがのおおおみいな》目《め》（巷奇大臣名伊奈米足尼）の娘である堅塩《きたし》媛を大后とし、用明《ようめい》天皇（多至波奈等巳比乃彌己等）と推古天皇（等巳彌居加斯支移比彌乃彌己等）が生まれた。また、大后の妹である小姉《おあね》君を后として穴穂部間人《あなほべのはしひと》皇女が生まれた。欽明天皇の子敏達《びたつ》天皇は、推古天皇を大后とし訳語田《おさだ》の宮で天下を治め、尾張《おわり》王が生まれた。用明天皇は、穴穂部間人皇女を大后とし、池辺《いけべ》の宮で天下を治め、太子（等巳刀彌彌乃彌己等《とよとみみのみこと》）が生まれた。

太子は、尾張王の娘である橘大女郎（多至波奈大女郎）を后とした。

辛巳の年の一二月二一日、太子の母である穴穂部間人皇女が亡くなり、翌年二月二二日に太子が亡くなった。このとき、橘大女郎は、悲哀嘆息し、恐れ多いことながらこの気持ちを胸中におさめたままでいることはできないと、祖母の推古天皇に申し上げた。「夫とその母の死は、耐えがたい苦しみです。夫は、生前、「世間は虚仮《こけ》であり、ただ仏だけが真だ」と私に教えて下さいました。その言葉を噛みしめますと、わが大王は天寿国に生まれておいでだと思います。ただ、かの国を、みることができません。図像によって大王のご様子をみたいと思います」と。推古天皇は大女郎の願いを聞き入れ、采女たちに命じて繡帷《しゅうい》二帳を造らせた。下図の担当は東漢末賢《やまとのあやのまけん》と高麗加西溢《こまのかせい》、漢奴加己利《あやのぬかこり》である。総指揮は椋部秦久麻《くらべのはだのくま》がとった。

銘文は、前半と後半に大きく分かれる構成となっている。前半では、等已刀彌彌乃彌己等（厩戸王＝聖徳太子）と、繡帳作製発願者の多至波奈大女郎（橘大女郎）の系譜が詳述される。後半は、繡帳作成の経緯が語られている。

繡帳銘文の疑義

『天寿国繡帳』は、厩戸王の母である穴穂部間人皇女ゆかりの中宮寺が所蔵する。現在は、奈良国立博物館に寄託されている。一九五二年に国宝に指定された貴重な文化財である。

研究者の世界では、繡帳の作製が推古天皇（六二八年死去）の時代だったことは共通理解となっている。しかし、由来を綴った銘文については、繡帳の作製時期と切り離し、七世紀後半以降の成立とする見解が根強く、激しい論争がおこなわれてきた。たとえば、聖徳太子信仰の形成を考察し、聖徳太子不在論を説く大山誠一氏は、繡帳の作製発願者とされる橘大女郎も『日本書紀』『古事記』に記載がみえないことなどから、太子信仰を高揚させるために創造された人物だとし、繡帳の作成者を八世紀の光明《こうみよう》皇后だとした（大山誠一「天寿国繡帳の成立―天皇号の始用と関連して―」）。

銘文の前半は、厩戸王と橘大女郎の系譜である。二人が、欽明天皇と蘇我稲目を祖にいただく存在であることが繰り返し強調される。歴史ファンが見慣れている、後世の単純な父系系譜からみると、くどいと感じられるような形式である。このくどいほどの父方、母方双方の血縁関係の繰り返しは、当時の社会の基本的な構造である双方的な在り方の反映である。ここにこそ、繡帳銘文の成立時期を判断する材料が示されている。

銘文前半の系譜部分の意義は、夫である厩戸王と妻である橘大女郎が、双方ともに欽明天皇と蘇我稲目につながる人物であることを示すことにあった。古代氏族系譜研究の第一人者である義江明子氏は、推古以後の舒明《じょめい》、皇極《こうぎょく》（斉明）、孝徳《こうとく》、天智《てんじ》、天武《てんむ》、持統《じとう》らの歴代天皇が、蘇我氏の血統には属さない敏達天皇と息長《おきなが》氏の女性との間に生まれた押坂彦人大兄の子孫であることを考えると、『天寿国繡帳』の系譜が天武・持統朝に成立したという考えは成り立たないと指摘する。繡帳銘文の系譜意識が大きな意味をもったのは、欽明の女であり、かつ「朕は蘇何（蘇我）より出でたり」（『日本書紀』推古天皇三十二年〈六二四〉十月癸卯朔条）という自己認識をもつ推古天皇の時代にほかならないからである（義江明子「「娶生」系譜にみる双方的親族関係―「天寿国繡帳銘」系譜―」）。

『天寿国繡帳』を詳細に調査した美術史の大橋一章氏によると、繡帳は、透ける羅の上に天寿国を構成する図柄が刺繡されており、銘文を背に乗せた亀甲図もまた、図柄と同じく意匠（デザイン）の一つだったという。刺繡と亀甲を含めた全体のデザインが一体のものなのである（大橋一章『天寿国繡帳の研究』新装版）。私は、銘文は刺繡と同じ時期に作られたと考えたい。

「天皇」「太子」

繡帳銘文の成立時期に関わる疑問は、「天皇」「公主」「太子」という言葉に集中的に寄せられてきた。

繡帳に「天皇」号がみえることに対して疑問が集中するのは、それが法的に成立するの

図8　「若翁」と記された長屋王邸木簡（奈良文化財研究所所蔵）

が持統三年（六八九）の飛鳥浄御原令《あすかきよみはらりょう》だと考えられているからである。繡帳製造年代は、浄御原令より六〇年以上も早い。ただ、用語が法的に制度化される以前に使用が始まることはあり得る。まして「天皇」という言葉はわが国独自の倭語から発生したのではなく、道教《どうきょう》に由来する言葉だという。中国南朝との交流によりわが国に中国思想や典籍が受け入れられていたことを考えれば、隋代に当る推古朝前後の使用は考えられるだろう（津田左右吉「天皇考」）。

「太子」についても、「公主」とともに推古朝で使用が可能かなどの疑問が呈されてきた（大山誠一「天寿国繡帳の成立―天皇号の始用と関連して―」）。「太子」の表記については、『隋書』倭国伝の記述が考察の糸口になる。そこに掲載された開皇二十年（六〇〇）の遣隋使記事のなかに、王妻を雞彌《きみ》、太子を意味する言葉として利（和《わ》）歌彌多弗利《かみたふり》（ワカミタフリ）という倭語が記されている（原文「王妻号雞彌」「名太子爲利歌彌多弗利」）。このワカミタフリは、長屋王邸木簡にみえる「若翁」（ワカミタフリ）であり、王族を含む貴人の子女に用いられた呼称だという（東野治之「長屋王家木簡の文体と用語」）。隋の側は、皇帝、皇后、皇太子という地位が確立した自国の制度を前提に倭国《わこく》の使いにそれぞれの称号を聞いたのに対し、遣隋使たちは、王族男女の呼称であるワカミタフリとしか答えられなかった。倭国に皇太子制などない時代で、王位継承者だけを意味することばが、推古天皇の時代には未成立だったからである（義江明子『推古天皇』）。

日本古代の皇太子研究を切り拓いてきた荒木敏夫氏によると、皇太子制が確立していた隋でさえ、「太子」が直接的に「皇太子」を意味しない用例がみえるという（『隋書』開皇元年〈五八一〉二月甲子条）。荒木氏は、『日本書紀』に、「太子」を長子の意味で使用する例が四カ所あるとし、「皇太子」制確立以前には、太子が皇位継承予定者ではなく、大兄《おおえ》＝長子の語義で使用された可能性を想定した（荒木敏夫『日本古代の皇太子』）。繡帳の「太子」が皇太子とイコールではなかったことも、留意しておいたほうがよいだろう。

「公　主」

廐戸王の母は、『日本書紀』には穴穂部間人皇女、『古事記』には間人穴太部王《はしひとのあなほべ》とみえる女性で、欽明天皇の皇女である。彼女は繡帳銘文では「孔部間人公主」と書かれている。「公主」は中国皇帝の皇女の称号であり、隋との交

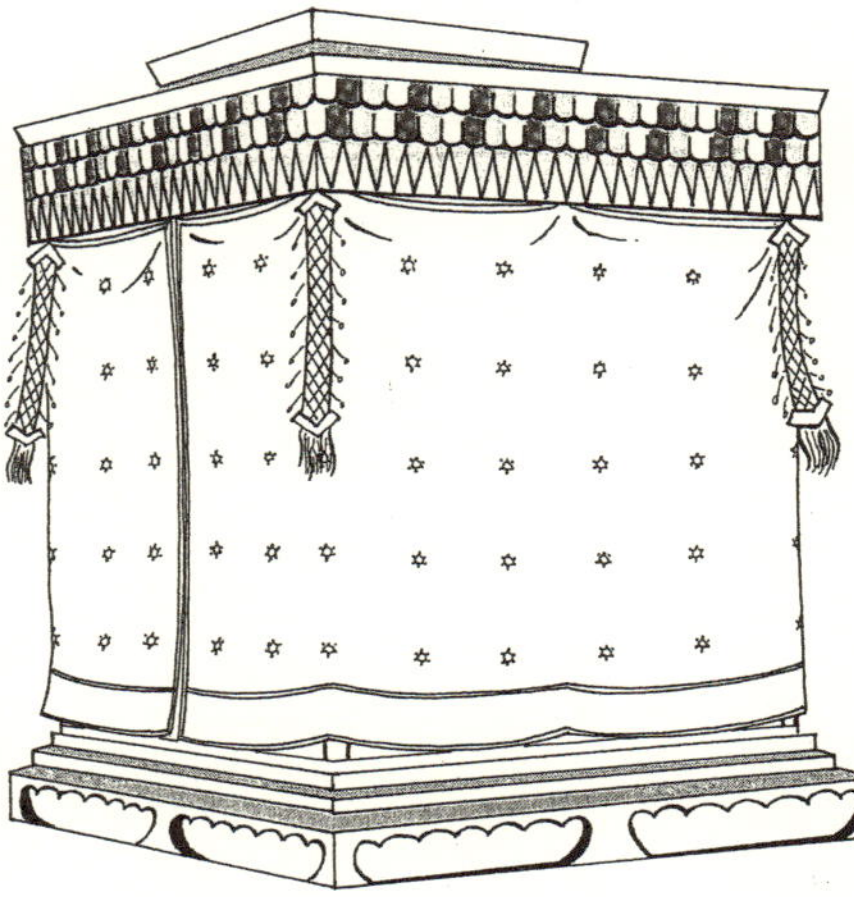

図９　牀に張りめぐらされた繡帳の想定図
（大橋一章『天寿国繡帳の研究』新装版より）

流を開始したばかりの推古朝での使用は考えられないと指摘されてきた（大山誠一『〈聖徳太子〉の誕生』）。「公主」の語がわが国で使用される時期を新しいものとみる視点からの疑義も提示されてきた（野見山由佳「天寿国曼荼羅繡帳の成立」）。また、「孔部間人公主」という表記がほかの人名表記と不整合だということもいわれてきた（吉田一彦「天寿国曼荼羅繡帳銘文の人名表記」）。

「公主」の使用については、繡帳の作製目的との関係で考えたらどうだろうか。

先に紹介した美術史の大橋一章氏は、繡帳は壁掛け的なものや絵画的なものではなく、牀《しょう》（中国で高貴な人が使用した調度品。寝台や座にもなる）に張りめぐらされた帳だったと指摘する。橘大女郎の居所に置かれた厩戸王愛用の家具に大女郎が座し、周囲を帷でめぐらして往生のさまを偲んだという。いわばプライベート空間を飾る、しつらいだったのである。中国では秦漢以来の称号だった「公主」号が、渡来人が活躍していた推古朝の朝廷で知られていなかったとは考えにくい。中国皇帝への上表文ならともかく、橘大女郎が夫を偲ぶために造らせたものであれば、銘文に外交的忖度は不要だったはずであり、「公主」という言葉があっても不自然ではないだろう。

『天寿国繡帳』の采女

繡帳銘文の「天皇」「太子」「公主」という漢語をめぐってさまざまな議論が交わされてきた歴史学の世界で、見過ごされてきた漢語がある。「采女」と「大女郎」である。

『天寿国繡帳』銘文の後半は、繡帳作製の経緯を語る。ここで、繡帳を造った人間として「諸采女」と書かれていることに注目したい。

采女は、語源・起源ともに不明な点が多いが、のちに大宝令に継承されるようなかたちで制度化されたのは六四五年の乙巳《いっし》の変（大化改新）のころだと考えられる。万葉仮名の「宇泥咩」（『日本書紀』允恭《いんぎょう》天皇四十二年十一月条）に漢語「采女」が充てられた時期は不明である。

ただ、采女が繡帳制作者として登場するのは要注目である。采女は、あるじのそば近くに仕えることを職務とする官人である（平野邦雄「「部」の本質とその諸類型」）。『日本書紀』『古事記』を読む限りでは、近習、遣使、天皇への酒食の献上、主命の伝達などをおこなっている（「采女の虚像と実像」の章参照）。

乙巳の変後の一連の国制改革のなかで地方行政単位（律令制でいう「郡《ぐん》」）からの出仕が求められ、朱鳥元年（六八六年）に死去した天武天皇の葬送儀礼では、天皇の食膳をつかさどる奉膳《うちのかしわでのつかさのかみ》紀《きの》真人《まひと》に従い参列した（『日本書紀』持統天皇元年正月丙寅朔条）。采女制は大宝令（七〇一年）、養老令（七五七年施行）に引き継がれ、天皇代替わりにともなう大嘗祭《だいじょうさい》での神饌行立《しんせんぎょうりゅう》など、宗教儀礼での役割が定着して官職としての命脈を長く保つこととなった（伊集院葉子「采女論再考」）。

『古事記』『日本書紀』には饗宴に侍す采女はいるが、刺繡や縫製に携わる采女はみえない。だからといって采女が縫製に無縁だったとはいえないが、『天寿国繡帳』銘文の采女像は、記紀の描く近習や遣使の采女像とは異なっているのである。

次の章「采女の虚像と実像」でも少しのべるが、律令制国家が成立する以前の中央と地方の関係のなかで、采女の役割を考えることが大事である。古代の王権と地域社会の関係について、人の移動に着目した研究があり、そこでは、各地に設置されたミヤケ（屯倉・官家）と中央の関係は、大王に一元化されたものではなく、豪族なども含めた複数系統の結びつきが存在したことが指摘されている（黒瀬之恵「日本古代の王権と交通」）。采女も、そうした重層的な関係のなかで、朝廷とを結ぶ役割を担ってミヤケから出仕したのである。律令で、天皇への飲食供進を職掌として与えられたのも、もともと、地方からの諸物資貢納の際に采配を振ったことに起因するのだろう。そのような采女像と、精緻な刺繡を施す技能を身につけた女性像とは、ギャップがあるように思う。

刺繡する「采女」

女性出仕者の職名である「ウネメ」を、漢語でどう表現するのか。先に「中国王朝の采女」の節で紹介したように、宮女の総称として漢代に使われた「采女」という漢語が、日本独自の制度であるウネメを表現するにあたって借用されたということは確かだろう。しかしながら、『天寿国繡帳』を造った「諸采女」は、律令で郡の大領《だいりょう》・少領《しょうりょう》の姉妹または娘であることを資格要件とされた、あの采女を指すのだろうか。私は、違うと考えている。

銘文を読む限り、推古天皇が命令を下し、朝廷の大蔵・内蔵を管理した官人である椋部の秦久麻が総指揮をとるもとで、女性たちが刺繡を施したという点は認められる。ただ、采女に、そのような技術をもった者がどれだけいただろうか。

女性であれば刺繡はできるだろうという認識は、誤りである。大橋一章氏の調査所見が明快に結論づけたように、透き通る薄い羅地に、一〇〇個の亀甲が間隔をあけながら縦列で整然と縫いつけられていたのである。しかも、亀甲の背には四文字の漢字が十字に刺繡されていた。文字を背負った亀甲と、天寿国の人々や花鳥、宮殿などの図柄が、一体のものとしてデザインされていた。下絵に基づいて刺繡し完成させるのは、簡単な作業ではない。繡帳作製に従事できるほどの高い技能をもつ采女がいた可能性はゼロではないが、令制につながる采女が、専門的技術を要する刺繡に取り組んだとは考えにくい。『日本書紀』には、織女や縫衣工女《きぬぬいのおみな》の渡来伝承がたびたび掲載されているが、このような専門的スキルをもった技術者たちの指導を受けた宮女たちが作業にあたったと考えるほうが自然である。

先に、「采女の「姧」と雄略天皇」の章で、最新技術の導入にあたって渡来系の人々がリーダーシップを発揮し、倭国《わこく》の人々を率いて作業にあたったとのべた。推古朝の創建を伝える寺院の由来を記した『元興寺《がんごうじ》伽藍縁起《がらんえんぎ》幷《ならびに》流記《るき》資財帳《しざいちょう》』（天平十八年〈七四六〉）には、塔露盤銘が引用されており、そこに、渡来系氏族を将（リーダー）として人々が作業にあたった推古期の寺院建築の様子が記されている。これは、渡来系移住民が師となってその在来の人々への知識・技術の伝習が実施されたことを示すという（田中史生「古代文献から読み取れる日本列島内の百済系・中国系移住民」、同「飛鳥寺建立と渡来工人・僧侶たち——倭国における技能伝習の新局面——」)。

この寺院建築の進め方は、『天寿国繡帳』作製の構図と通じるのではないだろうか。総監督の秦久麻は、平安時代初めに編纂された古代氏族の系譜書『新撰姓氏録』によると、応神《おうじん》朝に渡来した伝承をもつ氏族の一員である(佐伯有清『新撰姓氏録の研究』考證篇第四)。下図を書いた東漢末賢、高麗加西溢、漢奴加己利もまた渡来系の工人である(東野治之校注『上宮聖徳法王帝説』)。渡来系の秦久麻を指揮者として、同じく渡来系の工人たちが下図を描き、女性の技術者たちが刺繡を施し完成にいたった。この手順からみても、飛鳥寺(元興寺)建造と離れていない時期、つまり推古朝に、繡帳が造られたとみておきたい。その際、女帝の援助を得たということから、臨時に推古の命による「造繡帷(所)」というべき工房が設置された可能性もあるだろう(荒木敏夫「日本古代の王権と分業・技術に関する覚え書——六・七世紀を中心として——」)。

『天寿国繡帳』銘文の製作由来部分に、なぜ「采女」が登場するのだろうか。

経典の「采女」

銘文には、生前、厩戸王が橘大女郎に「世間は虚仮であり、仏だけがただ真だ」(「世間虚假、唯佛是眞」）と語ったことが記されている。橘大女郎は、この教えを噛みしめるほどに、わが夫は天寿国に往生したに違いないと確信を深めた。そこで、祖母の推古女帝に、天寿国にいる夫の姿を観たいと訴え、繡帳作製にいたったのである。

「世間虚假、唯佛是眞」という言葉は、現存する経典に一致するものはないという。ただ、似た文章は『六度集経《ろくどじつきょう》』という経典のなかにあるらしく、厩戸王が生きた時代を遡る三国時代の漢訳であることから、厩戸王が読んでいたとしても不自然ではないとされる（曾根正人『聖徳太子と飛鳥仏教』）。

繡帳作製の目的が、厩戸王に感化された橘大女郎が「我大王」つまり厩戸王の天寿国往生のさまを偲ぶというものであることを考えると、銘文作製の際の言葉選びにも生前の厩戸王の言説や仏教経典が参照されたと判断するのが妥当である。

そこで考えたいのが「采女」である。じつは、経典には、「采女」「釆女」「婇女」「綵女」が散見される。『後漢書』呂強伝が采女を「綵女」と書くように、経典と史書ともに、采、釆、婇、綵は通用したようである。試みに、よく利用される経典のデータベースで検索すると、四つの言葉で二〇〇〇近くヒットする（SAT大正新脩大蔵経テキストデータベース）。

たとえば、『大方広仏華厳経《だいほうこうぶつけごんきょう》』では、王のもとへ請願に赴く宮廷女性たちを「王夫人采女等」と記している（「時王夫人采女等倶来王所白王言願放太子」）。王妻を王夫人とし、夫人に従う宮女を「采女」としているのである。まさに、『後漢書』百官志三掖庭令本注にみえる、「采女」という名号をもって宮女を意味する用法と同じである。この『大方広仏華厳経』は、武則天《ぶそくてん》（在位六九〇～七〇五）期の実叉難陀《じつしゃなんだ》（六五二～七一〇）による漢訳であり、『天寿国繡帳』より数十年も後のものである。ただ四～五世紀の漢訳『大方広仏華厳経』でも、インド僧仏駄跋陀羅《ぶつだばつだら》が、宮廷女性を「夫人采女」と訳している（仏駄跋陀羅訳『大方広仏華厳経』）。武則天時代以前の経典漢訳でも、宮女を指す言葉として「采女」「婇女」などが使われてきたのである。

『法華経』の「采女」

経典漢訳の歴史のなかで画期をなす僧は、五胡十六国時代の鳩摩羅《くまら》什《じゅう》（三四四～四一三）と唐の玄奘《げんじょう》（六〇二～六六四）である。中国仏教史の鎌田茂雄氏によると、三蔵法師《さんぞうほうし》の名で知られる玄奘の訳文は、原典を忠実に逐語訳したものだった。一方、玄奘に数世紀遡る鳩摩羅什は、先行の訳経を生かしながら美しい文体で翻訳していった。言葉の表現が成功しても、そのために真理がかくされる場合がある。また、原文そのままに忠実に訳しても経典の本旨から遠ざかる場合があることを鳩摩羅什は憂えたという（鎌田茂雄『中国仏教史二』）。翻訳は骨の折れる作業である。歴史や社会的背景が異なる人々の教義への理解を助け、さらに布教するために、どのような言葉を選び訳していくのか、苦心したことだろう。苦心の甲斐があって、鳩摩羅什訳出の経典はその後の仏教界で広く受け入れられた。その鳩摩羅什の漢訳経典に、宮廷女性を意味する漢語として「婇女」が採用されたのである。

　厩戸王が講経をしたと伝えられる『法華経《ほけきょう》』は、仏教のなかでも、もっとも重要な経典の一つである。西晋《せいしん》時代の竺法護《じくほうご》（二三九～三一六）漢訳の『正法華経《しょうほけきょう》』には「宮人婇女」がみえる。次いで鳩摩羅什訳『妙法蓮華経《みょうほうれんげきょう》』に「浄徳夫人與後宮婇女」という漢語がある（妙荘厳王本事品《みょうしょうごんおうほんじほん》第二十七）。王の夫人と後宮の侍女たちの行動を表現するくだりである。

　経典では、異教を信仰する王たちが仏の教えを受け入れ、仏教に帰依していく物語が語られる。その物語に登場する宮廷の女性たちが、「夫人＋采女」と表現された。中国歴代王朝のような後宮のヒエラルキーは、布教にあたっては特別に必要ではないと判断されれば詳述されなかったのだろう。王の周辺の人々が仏教に帰依し、最終的には王も帰依するというストーリーのなかでは、宮廷の女性を意味する言葉としての「采女」があれば充分だったと思われる。つまり、漢訳経典で宮女をひとくくりにして「采女」と表現する方法は、唐代に始まるのではなく、すでに三世紀ではおこなわれ、四～五世紀にかけて活動した鳩摩羅什も採用していたのである。なお、鳩摩羅什訳の『維摩詰所説経《ゆいまきつしよせつきよう》』（維摩経）にも「采女」がみえる。

鳩摩羅什の選択

シルク・ロードのオアシス、亀茲《きじ》生まれの鳩摩羅什は、羌《きよう》族の姚氏が建てた後秦《こうしん》に迎えられ、膨大な経典をサンスクリット語から漢語へ翻訳した。鳩摩羅什を迎え、翻訳事業を推進させたのは、みずからも仏道に帰依したと伝えられる第二代皇帝姚興《ようこう》（在位三九四～四一六）である（『晋書』姚興載記上）。後秦には、皇太后追尊や皇后号の導入に加え、姚興の二代の皇后が昭儀から立后するなどの記録があり、後宮制度を漢制にのっとったと思われる。都は長安だった。この王朝に迎えられ、長安で翻訳事業に携わったことは、漢語選択にも影響を与えたはずである。

漢訳の主な目的が、漢族および中国化が進行する非漢族への布教であってみれば、わかりやすい漢語を用いて訳していくことが必要である。各地の王国を舞台として仏教が広がっていくさまを描く経典で、王をとりまく宮廷女性の訳語を「采女」とすることは適切な選択だったのだろう。何よりも、中国文化圏の人々の理解を得ることが大事だからである。

なお、仏教経典の語句の発音や意味を解説した書籍に『一切経音義《いっさいきょうおんぎ》』（中国唐代に成立）があり、「夫人」ならびに「采女」も取り上げられていた。そこでは、采女は采択された女性だとしたうえで、後漢の応劭《おうしょう》の『風俗通』を引用し、皇帝が掖庭から役人を派遣して一三歳以上二〇歳以下の女性を集め、そのなかから条件にかなった者を後宮に入れたことを紹介している（巻二十一慧苑《えおん》撰『華厳経音義』）。経典の理解を助けるために、あえて中国的な「采女」の語釈が示されたといえるだろう。

『妙法蓮華経』は、鳩摩羅什が漢訳して以来、もっとも普及し流通した大乗経典である（花山信勝校訳『法華義疏』下）。鳩摩羅什に先がけて三〜四世紀初めに活動し、『正法華経』などを訳出した竺法護の功績も大きい。『日本書紀』は、推古十四年のこととして、推古天皇が「聖徳太子」（厩戸王）に勝鬘経《しょうまんぎょう》と法華経を講じさせたとする（推古天皇十四年七月条、同是歳条）。この講経は、神話的「聖徳太子」像では、その学説の水準を象徴するものとされてきたが、「聖徳太子」が法華教学を始めとする教理に広く通じていたとする見方は非現実的だという（曾根正人『聖徳太子と飛鳥仏教』）。ただし、『法華経』のなかに描かれた、朝廷で奉仕する女性としての「采女」を推古朝の人々や繡帳銘文の作者が知っていても不思議ではない。

なお、『広説仏教語大辞典』には「采女」「婇女」「綵女」が掲載されている。音はすべて「サイニョ」である。采女は、『法華経』妙荘厳王本事品を出典とし「うねめ。採択した女の意味で、宮中に奉仕する女のこと」とする。婇女は、①宮廷の侍女、うねめ、②天女、の二つの意とされ、サンスクリット語も載せている。綵女は「宮中の侍女」の意味だと説明されている。

律令制下の縫女と男女協業

『日本書紀』には、衣縫《きぬぬい》の技術をもつ工女が渡来し、諸衣縫部《きぬぬいべ》の祖になったという伝承が残る（応神天皇十四年二月条・雄略天皇十四年正月戊寅条・三月条など）。衣縫部は各地に分散し、伴造《とものみやつこ》の管轄下に置かれ、縫製を専門とする集団（品部《しなべ》）として朝廷に仕えた。その末裔の姿は、律令法制のなかに残された。

律令制下では、大蔵省所管の男性官司である縫部司《ぬいべし》に、縫部四人と縫女部《ぬいめべ》が置かれ、縫製に携わった（養老職員令37縫部司条）。律令制下の女性官司と女官制度について研究した須田春子氏によれば、「縫部・縫女部という男女の縫作工手に関する規定が令にみえるのはここだけ」だという（『国史大辞典』「縫部司」、須田氏執筆）。律令制のなかで、男性官司に配属された女性が、男性官吏のもとで男性と同じように働いていたのである（文珠正子

「令制宮人の一特質について――「与男官共預知」の宮人たち――」)。

『天寿国繡帳』作製の監督者は椋部秦久麻であり、応神紀に渡来伝承がみえる秦氏の人である。椋部は官職名（蔵部）で、大蔵や内蔵の事務に携わっていたとみられている（関晃「帰化人」)。繡帳銘文は、朝廷の財物を管理する蔵部の役人の下で、女性たちが刺繡に携わったことを記す。問題は、それが令制につながる「采女」だったかどうかであるが、私見では、むしろ令制に遺存された縫女のほうが無理がないと考えている。

これまでみてきたように、経典では、王宮に仕える女性たちは「采女《さいにょ》」と記された。漢籍・経典に詳しい人々の間では、宮女を意味する言葉として「采女」は知られていたとみてよいと思う。このため、『天寿国繡帳』銘文でも、衣縫や刺繡に関する技能によって宮廷に仕えた女性たちを指すことばとして「采女」が採用されたのではないだろうか。乙巳の変後に制度化され、大宝令に引き継がれたウネメ（采女）ではない女性群像を想定しておきたい。

経典の「女郎」

『天寿国繡帳』銘文では、繡帳作製の発願者は「多至波奈大女郎」と記載された。橘大女郎であり、タチバナノオオイラツメと読まれてきた。

橘大女郎は、「橘大郎女」と書かれる場合もあるが、「郎女」と「女郎」は、別の言葉である。前章「東アジアの女郎と采女」で詳しくのべたように、四世紀初頭の晋の墓誌の「東海女郎」、五世紀高句麗「広開土王碑文」の河伯女郎、六世紀の新羅の「女郎王」、北魏の「馮女郎墓誌」などがあり、どう考えても尊貴の女性への敬称である。外来の漢語である「女郎」を、もともとが倭語である「郎女」（イラツメ）と混同してはならない。もちろん、古代東アジアの「女郎」に、わが国の近世以降でイメージされる「遊女」の意味はまったくない。

じつは、女郎も、東アジアの金石文だけではなく、経典にみえる。たとえば、三世紀漢訳の経典には、王女が夫から「女郎」と呼ばれる場面が描かれている。大要は次の通りである（支謙《しけん》訳『撰集百縁経《せんじゆうひやくえんきよう》』「波斯匿王醜女縁」）。

インドの舎衛《しやえ》国の波斯匿王《はしのくおう》と夫人の間に王女が生まれたが、たいへんな醜女だった。成長ののち、王は、血筋は確かだが貧しい豪族の男に財産と大臣の地位を与え、王女の夫とした。王国では、会同《かいどう》（集会）の日に夫婦ともに集まる習わしだったが、王女は幽閉されていたため出席できなかった。王女は、この境遇に苦しみ、心をこめてひたすら仏に祈った。すると、仏が現れ、たちまち、王女を端整な姿に変えた。会同に一人出かけていた夫が帰宅し、王女からことの次第を聞くと、急ぎ王宮にもどり、「女郎がすぐにでも参上しお目にかかりたいとのぞんでいます」（「夫受二其言一即往白レ王。女郎今者。欲二来相見一」）と王に告げた。王は、醜女が人目に触れるのを恐れ、幽閉を解くことを禁じたが、夫は、「いいえ、女郎は、仏の徳によって端整な姿に変わり、天女のようです」（「女郎今者。蒙二仏威神一。便得二端政一。天女無レ異」）と報告した。醜女に生まれたのは、前世の仏罰のためだったという。

王女の夫が、王との会話で、妻を「女郎」と呼んだのである。「愚妻」「宿六」のようなたぐいのへりくだりや卑称ではない。妻の父である王との会話で、王女への敬意を込めたとみるべきだろう。

この物語は『賢愚経《けんぐきょう》』にも載せられており、北魏の慧覚《えがく》等が五世紀に訳した同経でも、王女は夫から「女郎」と呼ばれている。

経典でも「女郎」は、尊称として使用されていたのである。

この物語は、一二世紀前半成立の『今昔物語集』にも、改変された形でおさめられているが、「女郎」に込められた尊貴性は忘れられたようで、この言葉は、あとかたもなく消えている（巻三―一四「派斯匿王娘金剛醜女語《こんごうしゅうにょのこと》」）。

橘大女郎の「大」には、夫を呼んだ「我大王」、孔部間人公主たちに付した「大后」の

「大」と同じく、尊敬の意味が込められている。繡帳発願者への敬称として「大女郎」と書かれたのである。

「日出処天子」と仏典

外交の場で仏典が活用されたことは、すでに東野治之氏が明らかにしている。たとえば、推古天皇派遣の遣隋使が持参した国書に「日出《ひいず》る処《ところ》の天《てん》子《し》、書を日没する処の……」という言葉があり、東夷の倭国が「天子」を自称したため煬帝の不興をかったというエピソードは有名である。このなかの「日出処」「日没処」は、仏典の『大智度論《だいちどろん》』（鳩摩羅什訳）が典拠だという。『大智度論』は、『摩訶《まか》般若《はんにゃ》波羅蜜多《はらみった》経《きょう》』の注釈である。大乗仏教の基本的な語について論じており、「聖徳太子」著作説がある『維摩《ゆいま》経《きょう》義疏《ぎしょ》』にも間接引用とはいえ一部引かれているという。厩戸王が目を通していたとみられている（東野治之「日出処・日本・ワークワーク」）。『大智度論』にも「婇女」は頻出する。

推古朝より時代は遡るが、倭王武（雄略《ゆうりゃく》天皇）の南宋への上表文（四七八年）と百済王の北魏への上表文（四七二年）の共通性についてはこれまでも指摘されてきた（近年のものでは、川本芳昭『中国の歴史5　中華の崩壊と拡大：魏晋南北朝』、河内春人「倭王武の上表文と文字表記」など）。さらに、倭王武の宋への上表文の分析を通じて、北東アジアの争乱に巻き込まれた中国系の人々やその子孫たちが、文字技術の導入・整備や文字・知識を介して世界観をも流通させたことも指摘されている（田中史生「武の上表文―もう一つの東アジア―」）。五世紀～六世紀の文字文化の交流は、想像以上のものがあった。繡帳銘文には、こうした交流の成果が反映されたのだろう。

繡帳銘文の国際色

繡帳銘文には、当時のわが国では熟していなかっただろう用語が多々みられる。「天皇」「太子」「大女郎」「公主」「采女」などである。これらは、七世紀初頭までの東アジア世界の交流と知識の往還のなかで受容され、大陸的な新しい雰囲気をまとう言葉として選ばれたのだと考えたい。この言葉の選択によって、繡帳は、国際色溢れるものになったのである。

ただ、それを完成させるには、祖母の推古天皇の力が必要だった。総指揮にあたる役に椋部秦久麻を任じたのは祖母であり、そのもとで下図と文案作成者、縫い手が手配された。繡帳作成にあたった彼ら彼女らは、その最新知識や技術を駆使してとりかかったにちがいない。当時、「采女」や「女郎」などの漢語が記された経典を、だれもが閲覧できたわけではなかっただろう。そうした時代にあって、宮廷女性や尊貴の女性を描写する際にこれらの漢語を選択し得た。「世間虚假、唯佛是眞」という言葉を、厩戸王への追慕の記念碑に刻印させた橘大女郎の思いもあわせ、繡帳の銘文のなかに、製作集団の仏教知識を感じるのである。

采女の虚像と実像

矛盾する采女像

采女の天皇讃歌

雄略《ゆうりやく》天皇は、『日本書紀《にほんしょき》』では「大悪天皇（はなはだ悪しくましまします天皇なり）」とそしられた（「采女の「姧」と雄略天皇」の章を参照）。『古事記《こじき》』には、不思議なほど采女《うねめ》の話題はみえないが、ただ一人、雄略天皇段に三重《みえの》婇《うねめ》（婇＝采女。以下、三重采女と記す）が登場する。彼女は、あやうく被害者になりかけた。

ある日、雄略天皇が長谷《はせ》の槻《つき》（ケヤキのこと）の木の下で酒宴をした。伊勢国の三重采女が盞《うき》を高く捧げて控えていた。采女は、さかづきに槻の葉が落ちて浮かんでいることに気づかず《さかづき》に酒を献じてしまった。天皇は落ち葉に目にとめ、采女を打ち伏せて首に刀をあて、斬ろうとした。そのとき、采女は天皇讃歌を歌い上げた。「新嘗《にいなめ》を祝う宮に生い茂っている槻の枝は、上の枝は天《あめ》を覆い、中の枝は東《あずま》を覆い、下の枝は鄙《ひな》（都から遠く離れた地）を覆っています。上の枝の梢の葉は落ちて中の枝に触れ、中の枝の先の葉は落ちて下の枝に触れ、下の枝の先の葉は三重《みえ》の子《こ》（倒れ伏した三重采女のこと）が捧げるみごとな盞に落ちてただよい、水音をたてています。何とすばらしく尊いことでしょうか、日《ひ》の御《み》子《こ》よ」。この歌を聞き、天皇は采女の罪を許したのだった。

この情景を、日本古代史の門脇禎二氏は「悲しき天皇讃歌」だといい、采女の惨めさを示すものだとした（門脇禎二『采女』）。

しかし、ことは単純ではない。『日本書紀』には、景行《けいこう》天皇が九州を巡幸したときに、食膳を管掌する膳夫《かしわで》が盞（杯のこと）を忘れたため「浮羽（うきは）」と名づけられたという地名伝承が残る（景行天皇十八年八月条）。江戸時代前期の国学者、契沖《けいちゅう》は、杯を忘れた膳夫の失敗が不問にされているのに、似た事例の采女が厳罰を加えられようとしたのは、めでたい歌を引き出すための便宜だからだと解釈した（契沖『厚顔抄《こうがんしょう》』下）。三重采女の挿話は、「采女の「奸」と雄略天皇」の章でみた、天皇の怒り→歌→ゆるし、というモチーフの繰り返しであり、そこに『日本書紀』雄略紀述作者の作為をみる説もある（津田左右吉『日本古典の研究』下）。

では、契沖が指摘した、めでたい歌とは何だろうか。三重采女の歌には、「上の枝」「中の枝」「下の枝」が読みこまれている。上代文学研究者の西郷信綱氏は、『古事記』に記載される上中下の表現を古代人の生活構造と関連づけて考察し、「高天の原、葦原の中つ国、黄泉の国という上中下三重層の神話的世界像」を示すものとみた（西郷信綱『古事記の世界』）。葦原《あしはら》の中《なか》つ国は、高《たか》天《ま》の原と黄泉《よみ》の国の間にある地上世界、つまり日本列島の神話的な別称である。「上枝」「中枝」「下枝」という言葉は『日本書紀』でも繰り返し登場する（神代上第七段本文、景行十二年九月戊辰条、仲哀八年正月壬午条など）。

寿歌の舞台装置と三重采女の罪

三重采女の歌は、上中下という神話的表現を借りながら、大王が支配する三重の世界を描き出した。それは寿《こと》ほぎの言葉と認識され、王権の儀礼に欠かせない宮廷寿歌に歌い込まれていったのである。三重采女の役割は、寿歌を導くことだった。西郷信綱氏は、三重采女の歌について、怒った天皇が采女を打ち殺そうとした歌だという解釈に疑問を呈した。西郷氏は、「そもそもめでたい歌であり、それが怒りっぽい雄略に結びつくに及んで右のような文脈のなかに置かれたのではないか」とし舞台設定の虚構性を指摘した（西郷信綱『古事記注釈』第四巻）。

ところで、なぜ三重采女は、ここまで雄略の怒りを招いたのだろうか。

祝詞《のりと》研究で知られる青木紀元氏は、『万葉集』のなかの大伴家持《おおとものやかもち》の「造酒歌一首」（巻十七—四〇三一歌）が、造酒にあたって太祓詞《ふとのりとごと》を唱えたとしていることに着目した。当時、神聖な酒を造る前には太祓詞を唱えて身を清浄にしたらしいのである（青木紀元「ミソギ・ハラヘ」）。天皇の酒を作るときには身を清浄にするという考えは、天皇の御膳を汚すことを罪とする考えと通底すると思われる。平安初期の桓武《かんむ》天皇の時代の太政官符《だじょうかんぷ》に、大・上・中・小の祓《はらえ》を規定したものがあり、「御膳」を汚した罪は上祓を科された（延暦二十年五月十四日太政官符）。この三重采女の挿話も、天皇讃歌をうたう前提として雄略の怒りを引き出すために、御膳を汚す、つまり槻の葉をさかづきに落とすという「罪」が演出されたのではないだろうか。

盛装する采女磐坂媛

『日本書紀』で采女が最初に登場するのは、仁徳《にんとく》天皇四十年是歳条で描かれる隼別《はやぶさわけ》皇子と雌鳥《めとり》皇女の反乱伝承の後日譚である。

仁徳天皇が、雌鳥皇女を妃にするために隼別皇子を使いとして送ったが、二人は仁徳の意に反してひそかに結婚してしまった。天皇は恨みに思ったものの、雌鳥皇女の姉である八田《やた》皇后（仁徳のキサキ）をはばかり、また、隼別皇子が兄弟であるだけに罰することができなかった。ところが、隼別皇子と雌鳥皇女の謀叛の企てを天皇に知らせる者がいた。処罰を逃れるため、二人は伊勢に向かう。八田皇后は、雌鳥皇女の処刑の際に装身具を奪うことがないように――つまり、王族の尊厳を汚すことがないようにと天皇に嘆願した。このため、天皇は追手の吉備品遅部雄鯽《きびのほんちべのおふな》と播磨佐伯直阿俄能胡《はりまのさえきのあたいあがのこ》に、雌鳥皇女の足玉《あしだま》や手玉《ただま》の剥奪を禁じた。しかし雄鯽らは、皇女の玉を奪ったうえ、帰還後に八田皇后から皇女の玉について問われ、ほおかむりをした。ここまでが、『日本書紀』仁徳四十年二月条に描かれたエピソードである。

その年の秋、収穫を祝う新嘗の宴に、内外命婦《うちとのひめとねたち》（内命婦《ないみようぶ》と外命婦《げみようぶ》）も集まってきた。内命婦は、律令制では五位以上を帯びる女性であり、外命婦は、五位以上の高官の妻である。この呼び方は律令による潤色である。宴に出席した女性のなかに、近江の山君稚守《やまのきみわかもり》山《やま》の妻と、采女磐坂媛《いわさか》がおり、彼女たちはその腕をすばらしい玉で飾っていた。八田皇后は、それが雌鳥皇女の玉に似ていることに気づき、出所を調べさせたところ、佐伯阿俄能胡の妻のものだという。阿俄能胡に問いただすと、やはり雌鳥皇女から奪ったものだった。天皇の命に背いた阿俄能胡は、死罪になるところを、土地を献上して死を免れた。エピソードの後半は、その土地が玉代《たまて》と呼ばれるようになったという地名起源譚である（仁徳天皇四十年是歳条）。

隼別皇子の反乱伝承は『古事記』にもあるが、そこでは仁徳との婚姻拒否や謀叛は雌鳥皇女が主導しており、内外命婦は「氏々《うじうじ》の女等《おみなら》」と呼ばれている。雌鳥皇女と隼別皇子の追討軍の将は山君稚守山ではなく、山部大楯連《やまべのおおたてのむらじ》であり、大楯が雌鳥皇女の玉を奪い、妻に与えたという筋になっている。新嘗にあたって女性たちも朝参するが、采女は登場しないなど、かなり異なっている。

『日本書紀』が完成した七二〇年時点での認識を考慮すると、「内外命婦」という高位の女性たちを指す言葉で宮廷に集まる女性を示すときに、「采女」が範疇に含まれていることには注意が必要である。玉をまとった盛装で磐坂媛は宴に列席する。内外命婦という用語は、律令の規定による潤色だが、そのイメージするところは、女性宮廷人の上層部であり、女官たちのリーダーである。磐坂媛の造形は、従来の惨めさが強調された采女像とはかけ離れているのである。

検分する小墾田采女

采女の出仕後の役割は、天皇の傍らに仕えて、さまざまな用向きを処理することである。このような役割を担った人々は、研究の用語では「近侍《きんじ》するトモ」という（平野邦雄「「部」の本質とその諸類型」）。トモとは、各種の職務をもって朝廷に仕える官人である。『日本書紀』にたびたび姿をみせる「舎人《とねり》」と同じように、天皇のそば近くに仕えていたのである。

近侍が職掌であるため、自然、采女の仕事は多岐にわたる。

允恭《いんぎょう》天皇五年七月己丑条の小墾田《おはりだ》采女は、官人の検分を命じられた。

允恭天皇は、玉田宿禰《たまたのすくね》という男を前天皇の殯《もがり》（陵に葬る前の葬送儀礼のこと）の責任者にした。ある夜、地震が発生する。天皇は、尾張《おわり》連《のむらじ》吾襲《あそ》に殯宮の様子を視察させた。そこには多くの人々が集まっていたが、責任者である玉田はいなかった。自分の本拠地で酒宴を開いていたのである。それを吾襲にみつかった玉田は吾襲を殺してしまう。その後、天皇に呼びつけられた玉田は、衣の下に鎧を着て参上した。天皇は、衣の下から鎧の端が出ていることに気づき、小墾田采女に命じて玉田に酒を与えさせ、鎧の様子を調べさせた。采女は、玉田の鎧を確認して天皇に詳細に報告した。玉田は本拠地に逃げるが、殺されてしまった。ここで小墾田采女が果たした役割は、玉田の武装の検分、すなわち、玉田の叛意の確認だといえるだろう。なお、小墾田は、飛鳥地方の地名で、小墾田屯倉があったという記載が『日本書紀』に残る（安閑天皇元年十月甲子条）。そこから女性が出仕していたという伝承があったことがうかがわれる。

推古《すいこ》天皇の時代には、采女が天皇の周辺に侍して重要事件に関わっているようすが伝えられている。たとえば、推古天皇が危篤の床についたとき、有力な王位継承候補は二人だった。一人は、厩戸《うまやと》王（聖徳太子）の子である山《やま》背大兄《しろのおおえ》王、もう一人は、やや年長の田村《たむら》皇子（のちの舒明《じょめい》天皇）である。二人が宮殿に呼ばれ、推古から遺詔を受けた。本来、次期天皇は群臣たちの合議で決める伝統だったが、三六年にわたって統治してきた推古の権威は絶大だった。推古の死後、後継者選びは紛糾したが、蘇我蝦夷《そがのえみし》は推古の遺言だといって田村皇子を後押しした。これは、王位継承システムの新しい一歩となった（義江明子『推古天皇』）。このときに登場するのが、推古天皇に仕えていた女官たちである。

天皇遺詔の証人

女帝の病床近くには近習の女官や采女たちが侍しており、女帝の遺言の証人だとされた（『日本書紀』舒明天皇即位前紀）。推古の遺詔が焦点となったときに、采女たちを含めて証人に擬せられた意味は重い。

このとき、宮殿にかけつけた山背大兄王の案内をつとめたのは、栗隈采女であり、山背国栗隈から出仕した女性だとされる。推古は、重篤になる前にも八口《やくち》采女鮪女《しびめ》を山背大兄王の居所へ派遣し、若い王への助言を伝えさせている（舒明即位前紀）。これらは、天皇に近侍するという采女の役割から派生した仕事である。

本書の冒頭で、采女の「姧」への処罰について検討した（「采女の「姧」と雄略天皇」の章を参照）。そこでは、従来は、「姧」への処罰は采女の性が天皇に独占されていたためだと考えられてきたが、じつは神祇祭祀でのタブー侵犯への処罰であったことをのべた。

子持ちの采女童女君

『日本書紀』では、雄略天皇の時代に、子どもを育てながら宮廷で働く采女がみえる。雄略のキサキたちと子どもの記録のなかに、それは登場する。

是の月に、三妃を立てたまう。（略）次に春日和珥臣深目《かすがのわにのおみふかめ》が女《むすめ》有り。童女君《おみなぎみ》《わらわきみ》という。春日大娘《かすがのおおいらつめ》皇女（略）を生む。童女君は、もと、是、采女なり。天皇、一夜与《あた》わしてはらみ、遂に女子を生む。天皇、疑いて養《ひだ》したまわず。女子の行歩《ありき》するにいたりて、天皇、大殿に御し、物部目大連侍《さぶら》う。女子、庭を過ぐ。目大連、顧みて群臣に謂《かた》りて曰わく、「麗しきかも、女子。（略）誰《た》が女子とかいう」という。天皇の曰わく、「何の故に問うや」とのたまう。目大連、こたえて曰さく、「臣《やつこ》、女子の行歩《あり》くをみるに、容儀《すがた》よく天皇に似れり」ともうす。天皇の曰わく、「此をみる者、みな言うこと、卿《いまし》がいう所の如し。しかれども、われ、一宵与わしてはらみ、女を産めるは、

> 常に殊《ことな》れり。是によりて疑をなせり」とのたまう。（略）大連の曰さく、「この娘子《いらつめ》、清き身と意を以ちて、一宵与わしたまうに奉れり。いづくにぞ輙《たやす》く疑を生して、ひとの潔くあるを嫌いたまえる。臣の聞《うけたまわ》らく、はらみ易きひとは、褌《はかま》を以ちて体《み》に触るるに、すなわちはらむとうけたまわる。いわんや、よもすがらに与わして、みだりに疑を生したまうをや」ともうす。天皇、大連に命《みことのり》して、女子を以ちて皇女とし、母を以ちて妃としたまう。（雄略天皇元年三月是月条）

童女君は、雄略との一夜の関係で妊娠し、女児をもうけた。天皇は、たった一晩で妊娠したとは思わなかったので、自分の子ではないと考え、女子を養育しなかった。女児は采女である母親の手元で育てられた。女児が宮廷の庭をよちよちと歩くようになると、周囲の人々は、女児が天皇に似ていることを相次いで雄略に語った。ついに物部目大連の説得によって、雄略は女児を自分の子として認めた。これが春日大娘皇女であり、童女君も妃として処遇されたという。

童女君の物語は、惨めで悲しい采女の姿として描かれてきた（門脇禎二『采女』）。采女の性が天皇に隷属させられた例としてとらえられてきたのである。しかし、雄略が関係した女性がその後も傍らに仕え、産まれた女児も母にともなわれて宮廷で育っていたという設定に注目すべきである。このエピソードは、采女が出産したとしても必ずしも天皇の子とは認識されなかった、つまり、采女はほかの男性の子どもを産んでも、問題にされなかったことを示唆する。采女の子の父親は誰かという詮議もされず、采女自身も処罰された形跡はない。この伝承にも多分にフィクションが含まれていると考えるべきで、安易に歴史的事実とみることはできないが、むしろ、采女が性的に隷属する存在ではなかったことを示す挿話だという点は確認しておきたい（伊集院葉子「采女論再考」）。

ほかにも采女の性をめぐっては、采女を姧した者たちを罰したときに、三輪君小鷦鷯《みわのきみおさざき》が取り調べに堪えかねて頸を刺して死んだという記事が残る（舒明天皇八年三月条）。「采女の「姧」と雄略天皇」の章で詳述したように、これも、タブー侵犯への尋問を苦にしての自死だと考えられるのである。

『万葉集』の采女安見児

歴史上の采女に関する曲解を招いた橘守部説については先にのべた（「東アジアの女郎と采女」の章を参照）。もう一つ、『万葉集』の安見児という采女の婚姻についても少し説明しておきたい。

『万葉集』に、藤原鎌足《ふじわらのかまたり》が采女安見児と婚姻（娶）したときに作った歌として「われはもや安見児得たり皆人の得がてにすという安見児得たり」が収められている（巻二―九五番歌）。この歌は、鎌足が天智《てんじ》天皇から「采女を賜った」ことを誇った歌だという理解が浸透している（「新日本古典文学大系『万葉集』一、脚注）。カルチャースクールで講義をしていると、「やっぱり采女は天皇が独占していたから、采女をもらった鎌足は喜んだんですよね？」と質問されることがある。「得た」という言葉の繰り返しが、モノのようにやりとりされる印象を与えるようである。

　この歌には、先ほどからたびたび登場している江戸前期の国学者、契沖も考察を加えた。契沖は、『古事記』『日本書紀』の歌謡の分析『厚顔抄』で著名だが、代表作は『万葉代匠

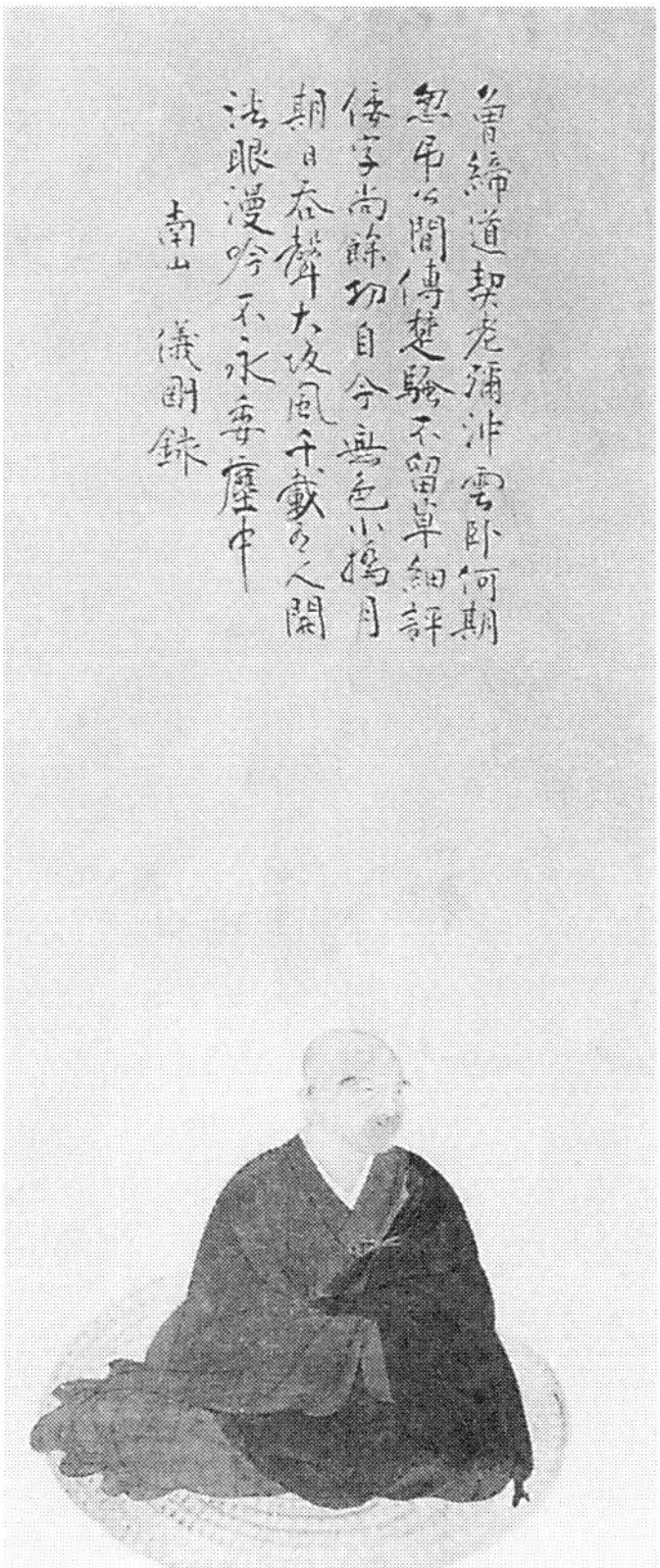

図10　契沖画像（円珠庵所蔵）

記』であり、万葉研究史上でも評価が高い実証的研究者である。

契沖は、「安見児得たり」の歌への注釈にあたって、『古事記』中巻の伊豆志袁登売《いずしおとめ》神をめぐる男神兄弟のエピソードとの類似に目を向けた。

あるとき、伊豆志袁登売という女神がいた。八十神《やそがみ》、つまり多くの神々が、この女神を得たいと思ったが、誰も成功しなかった（「八十神雖レ欲レ得二是伊豆志袁登売一皆不レ得レ婚」）。求婚に失敗した秋山の神が、弟の春山の神に「私は伊豆志袁登売に結婚を乞うたが、ダメだった（「吾雖レ乞二伊豆志袁登売一、不レ得レ婚」）。おまえは彼女を得ることができるか（「汝得二此嬢子一乎」）」といった。弟は「簡単だ（「易得也」）」と答えた。弟は母の知恵を借りて求婚に成功し、子をなした。そして、兄に「吾は、伊豆志袁登売を得た（「吾者得二伊豆志袁登売一」）」といった、という粗筋である。

兄神は、伊豆志袁登売に結婚を「乞」いたが失敗したのであり、弟神はライバルに競り勝ったのである。このようなときの「得」は、女性がモノのようにやりとりされるという意味ではない。八十神の誰もが得られなかった女神を弟神が得たという物語と、鎌足が歌った、「皆人の得がてにすという」女性を得た、「吾はもや安見児得たり」というシチュエーションはよく似ている。契沖は、『古事記』の物語を引用し、鎌足の歌を「此の類いか」と考えた（契沖『万葉代匠記』）。契沖の推量に従って、鎌足の歌の「得」の意味は、『古事記』で繰り返される「得」と同じだと考えたい。契沖は、安見児という名によせた鎌足の気持ちを、よろこんで少し誇る意かと評した。平たくいえば、恋の凱歌なのである。

ここまで書いてきたように、わが国の古代社会では、采女の性は天皇に隷属していたわけではない。万葉の時代の恋と結婚では、女性を贈答品のように扱うおこないは批判の対象になっただろう。男性は（女性もだが）、本人の魅力によって相手を魅了し、その同意を得て恋を成就させなければならなかったのである。采女ゆえに天皇から下賜されたという読解は、うがち過ぎである。下賜説の発生と普及の経緯については、『万葉集』の専門家の研究をまちたい。

書き換えられた采女像

采女とは何か

前節で、推古天皇の遺詔の証人として近侍の女性たちが名指しされ、そのなかに采女も含まれていたことを書いた。『日本書紀』には、推古が遺言した内容と状況について、「これすなわち、近侍《つかえまつ》る諸の女王と采女等、悉《ことごとく》に知れり」（舒明天皇即位前紀「是乃近侍諸女王及采女等悉知之」）と記されている。女王＋采女の構成は、天皇に近侍する王族女性たちとその他の豪族出身女性というカテゴリーを示している。ここでは、「采女」に臣家を出自とする女官全体が代表される記載となっており、「東アジアの女郎と采女」の章で書いた、「采女」に女官を代表させる『後漢書』や経典の方法と類似しているといえるだろう。

采女の存在は、倭王権の支配構造と密接に関係している。六世紀は、大王位の世襲制の確立という画期であると同時に、国造制の成立、各地のミヤケ（屯倉・官家）設置などが進んだ。五世紀の王権と地方豪族が比較的フラットな政治的関係であったことからみると大きな違いが存在したのである（佐藤長門『日本古代王権の構造と展開』）。ただし、中央集権的なしくみが整うまでには、まだまだ時間がかかる。ミヤケ・土地・人を媒介として人格的関係が重層的に維持される構造が六〜七世紀の王権構造であり、のちの律令官僚制に基づく天皇を中心とした支配制度とは原理を異にしていた（黒瀬之恵「日本古代の王権と交通」）。こうしたなかで、女性もミヤケと朝廷や豪族を結ぶ役割を担って出仕したのである。

ところが、現在でも、采女の本質については誤解が根強い。その要因について、最後にみておこう。

橘守部の「遊女」説と中山太郎の「采女売淫」説

橘守部が『万葉集』の女郎たちを遊女とみなし、陸奥国前采女との共通性を指摘したことはすでにのべた（「東アジアの女郎と采女」参照）。守部の所説の普及に影響を与えたのは、民俗学の中山太郎と折口信夫《おりくちしのぶ》である。

中山は、『日本売笑史』（一九〇六年）で、律令で采女が制定され天皇の食膳に奉仕することが定められたのは表面的なことで、じつは、采女は中国や朝鮮半島からの使臣を饗応する官妓だったとした。中山は、采女制の由来を「接待的淫売」とまで断じたのである。采女が売淫外交の担い手だったという説は、現代でも、ごくまれに耳にするが、私の知る限りでは中山太郎の著作が最初である。

橘守部・折口信夫の系譜

民俗学の折口信夫は、古代の宮廷社会に生きる后、皇女、中宮、後宮職員らの女性すべてを「巫女」とみて、そのなかに采女を含めた。折口は、臨時に降臨する神を「接待」することに巫女の役割を見い出し、論証はないまま、采女にもその事実がみられると書いた。折口の発想では、宮廷の采女と対する神とは主上（天皇のこと）であり、采女は「神の結婚」（神婚）のために捧げられた女性となる。祭事での天皇の臨時の寵幸が強調されることによって、采女は神妻というイメージをまとうことになった。折口によれば、采女は本貫に帰らず各地をさすらい、地方民を「化育」してまわるのだという（折口信夫「宮廷儀礼の民俗学的考察―采女を中心として―」）。以上は折口の見解であり、論証をともなうものではなかった。采女の役割を性的なものに集約させる折口の主張と、橘守部の遊女論は親和性が高かったとみえ、折口は守部説の普及に注力することになる。

守部は、最晩年に「万葉集桧嬬手《まんようしゅうひのつまで》」六巻・別記一巻を書いたが、未完に終わった（鈴木暎一『橘守部』）。守部の死後、七〇年近くたって、この書籍の出版に奔走したのが折口である。折口は、国文学者の佐佐木信綱に守部の裔への紹介の労を求めたという（佐佐木信綱「橘守部の万葉学」）。橘家から刊行の許可を得たのち、一九一六年、佐佐木信綱「橘守部の万葉学」、釈迢空（折口信夫の筆名）「橘元輔源守部─守部評論」「解題」、および島木赤彦「編輯所より」を付し、雑誌『アララギ』特別増刊として『橘守部遺著　万葉集桧嬬手』が別記も含め刊行された。これは七年後の一九二三年に、発行所を変え、古今書院の『万葉集叢書』第三輯として、折口信夫校訂と銘打ち重版された。当時、『アララギ』編集の中心にいた島木赤彦は、初刊の『万葉集桧嬬手』が守部の万葉解説書のなかで最初に印刷公刊されたものだろうとし、重版によって万葉研究者の便利に寄与することを喜んだ（島木赤彦「万葉集桧嬬手重版について」）。

なお、一九二〇年から、橘純一編集による『橘守部全集』が別の出版社の手で刊行され、『万葉集桧嬬手』『万葉集桧嬬手別記』も収録された。

『万葉集桧嬬手』と別記が公刊されたのち、その所説を積極的に取り入れたのが、先に紹介した中山太郎である。中山は、一九〇六年の『日本売笑史』ののち、一九二七年、出版社の求めに応じて『売笑三千年史』を書いた。

『売笑三千年史』の采女

『日本売笑史』で中山は、『万葉集』の遊行女婦《ゆうこうじょふ》と采女を結びつけてはいなかった。ところが『売笑三千年史』では、「万葉集に現われたる売笑婦」という項を立て、「守部の説は遊行女婦と采女との関係にも言及している点も注意すべきである」と特記したうえで、『万葉集桧嬬手別記』の遊行女婦、采女、女郎のくだりを、ほとんどそのまま引用、紹介した。中山は、『万葉集』の遊行女婦を「あそびめ」と解釈し、遊行女婦に前采女の姿をみた守部説の紹介者となったわけである。采女は、その本質をゆがめられ、中山描くところのわが国の「売笑」史に位置づけられることになった。

中山は、『売笑三千年史』執筆にあたっての折口の影響を隠していない。たとえば、中山は『日本売笑史』で、采女制度の背景に来客接待に妻をあてた習慣（のちの中山の用語では「貸妻」）を想定し、采女の起源を、官妓に外客功臣への接待をさせた唐にならい、わが国でも接待的売淫のために始まったものだと説いた。ところが、『売笑三千年史』では、「采女の始めは神寵を受けることにあったので、采女をして蕃客を接待させることが起こったのは後である」と書き、貸妻起源説をやや修正したかのようにみえた。しかし、総体的には、采女の制度は「貸妻」の習慣から起こり、かつては蕃客功臣を遇した采女もいたと旧説を繰り返した。神である天皇との同衾という点をもっとも強調した折口説を咀嚼しきっていないことが見え隠れする。結局、守部説を取り入れた結果、采女と称する女性に「娼婦」が多かったという結論に行き着くことになったのである。

中山は折口を「学問上の畏友」と書いた（『売笑三千年史』）。折口の采女論は、一九三二年の「宮廷儀礼の民俗学的考察―采女を中心として―」が、その副題から明確なようにまとまった考察だが、すでに折口は、一九二一年と二三年の沖縄旅行を経て、巫女と采女に関する検討を進めており、一九二四年には現人神《あらひとがみ》である天皇の倖寵を蒙る下級巫女としての采女像を展開していた（「最古日本の女性生活の根底」「国文学の発生（第二稿）」）。中山の『売笑三千年史』は、戦後にいたっても、一九五六年、一九六七年、一九八四年、二〇一三年と繰り返し復刊された。橘守部の采女理解は、折口の媒介を得て中山太郎の著作にも取り込まれ、いくばくかの影響を保ち続けることになったのである。

なお、折口は、昭和天皇の大嘗祭《だいじょうさい》（一九二八年一一月）直前の講演で、廻立殿《かいりゅうでん》の儀での「性の解放」を語り、一九三〇年に活字化した（折口信夫「大嘗祭の本義」）。

大嘗祭の采女

古代祭祀研究の岡田莊司氏によれば、祭祀で重要なものは食物の供膳作法と御直会であり、これが「秘事」とされてきた。大嘗祭では、天皇が皇祖アマテラスに飲食を供える神饌供膳と、天皇が饌を食べる御直会《なおらい》が行なわれた。この大嘗祭での陪膳采女の役割は、天皇がみずから皇祖神に飲食料を献上する際の介添えである（岡田莊司『大嘗祭と古代の祭祀』）。天皇の神饌供膳が終わったのち、陪膳采女は平伏し、伊勢とは反対の方向に向けて祝詞を奏上する。その内容は、神直日神《かんなおひ》・大直日神《おおなおひ》に対し、供進の所作に誤りがあったとしても許しを請うというものである。この二神は、記紀神話に登場する、異常状態や汚れた状態をただす神である。岡田氏は、大嘗祭の最も重要な儀式である神饌供進儀における二神への祈りが、陪膳采女の重要な「秘儀」だったとする（岡田莊司「大嘗祭―陪膳采女の作法と祝詞を中心に―」）。大嘗祭での采女の役割は、天皇の神饌供膳を介添えし、所作中の誤りへの許しを神に請うことであり、「聖婚」「神婚」とは無縁なのである。

岡田莊司氏の全面的かつ実証的な批判の結果、少なくとも歴史学の世界では、大嘗祭に関する折口説は影響力を失っている。

浅井虎夫『女官通解』の卓見

采女の捉え方については歴史的変遷があった。

もともとわが国の古代では、推古天皇はじめ八代六人の女帝が統治した。女帝は「普通のこと」であり、その存在を誰も怪しまなかったのである（喜田貞吉「女帝の皇位継承に関する先例を論じて、『大日本史』の「大友天皇本紀」に及ぶ」）。その土台には、政治から女性を排除する通念が乏しかったという社会がある（義江明子『推古天皇』）。畿内や列島各地から大和の朝廷にやってくる豪族たちも、男性もいれば女性もいた（伊集院葉子『日本古代女官の研究』）。律令制が整ったあとにも、采女ではない女性が列島各地から出仕しているが、彼女たちは郡の大領・少領や旧国造一族の出身だと分析されている。彼女たちはおそらく、采女の選抜に漏れるなどしたものの、自主的に中央にやってきた人びとである。そして、後宮のなかで実務的な役割を果たし、一族の命運をかけて行動していたとみられている（麻野絵里佳「奈良時代における畿外出身女孺に関する一考察」）。彼女たちの存在は、律令制以前の各地からの女性の出仕のなごりだといえるだろう。

女官の多彩な働きぶりにもかかわらず、学問の世界では、女性の官仕に関しての研究は、内侍司や、采女を所管する男性官司の采女司に集まりがちだった。

この分野で、はじめて女官全体を見渡した書籍として刊行されたのが、浅井虎夫『女官通解』（一九〇六年）だった。中山太郎の『日本売笑史』と同年の出版である。

浅井虎夫は、『女官通解』で、史書、儀式書、法制史料から有職故実書まで博捜して女官、女房の全体像を明らかにすることに尽力した。

采女は、いまだにその語源すら定説をみていない存在である。浅井は、江戸時代に賀茂《かもの》真淵《まぶち》、本居宣長《もとおりのりなが》ら国学者の間で論じられた采女の語源と起源についても簡潔に整理した。江戸時代の国学者による采女論のなかに、富士谷御杖《ふじたにみつえ》による「人質」説がある。「其国々の帰順し奉れる信をたてしめんが為に、采女はたてまつらしめ給」（富士谷御杖『北辺随筆』）うというもので、地方の国々が天皇に服属する証として采女を差し出し、天皇を安心させたという理解である。これについて浅井は、「かくてはあまりに徳川幕府の政略めきて、なんとなく穏やかならず」（『女官通解』）とし、徳川幕府が諸大名の妻子を人質として江戸に住まわせた政策にとらわれた采女論だと批判した。『女官通解』は、律令女官制度が大きな変容を遂げた中世以降の史料によって女官を解釈する傾向をもち、日本古代史や女性史・ジェンダー史の今日の到達点からみて、不十分な点はいなめない。しかし、采女を含めた女官、女房を法制史と制度史のなかに位置づけて考察した意義は大きい。

磯貝正義氏の成果と門脇禎二『采女』

采女制度の起源について、かつて磯貝正義氏は、「大和の部落国家の一首長であった天皇家がしだいに周囲を征服し、大和国家の盟主へと発展する過程において、采女貢進制の原初的形態が起り、しだいにその員数を増し、貢進地域を拡大して行った」とした。磯貝氏は采女を本質的には人質だとみなし、忠誠の保証として貢進されたと考え、富士谷御杖の人質論を「卓見」と評価した（磯貝正義「采女貢進制の基礎的研究」）。

磯貝氏の成果のうえに、本格的な采女論を一般向けに執筆し、今日の采女像を作り上げたのは、門脇禎二氏の『采女』（一九六五年）である。磯貝氏は、門脇氏の『采女』を、「采女の起源を神秘的・宗教的視角から見て巫女との関係などを強調する一部の説を、本質的なものでないとしてしりぞけ」、采女の歴史を初めて系統的に明らかにしたものとして高く評価した。しかし、門脇氏の『采女』の副題「献上された豪族の娘たち」に象徴的にあらわれているように、門脇氏は采女を「プレゼント」された存在とみなし、日本女性の没落史の第一歩として描き出した。同書では、采女たちが記紀や『万葉集』の叙述のままに再現された。結果として采女の悲惨さを浮き彫りにすることとなり、磯貝氏からは、采女の「みじめさと悲哀性とを強調する」点に苦言が呈されてもいる（磯貝正義「門脇禎二氏著『采女』について」）。

　采女が、その性もろともに献上される存在だったという見方は、非常に根強い。その根底には、門脇氏が『采女』を執筆したころに日本古代史研究の世界で暗黙の前提となっていた、階級社会の成立を遅くとも四世紀以前にみるという共通認識があった。階級社会である以上、父系制でなければならないという思い込みによって、女性は従属的な地位にあるとみなされた。女性支配者は例外的だと考えられ、女帝中継ぎ論や不執政論につながっていったのである。家父長制成立論は、古代社会での女性の位置づけに対する関心を低下させ、政治史研究でも、女帝・后妃以外の女性の存在意義は軽視されることになってしまったのである（西野悠紀子「古代女性生活史の構造」、同「原始社会とジェンダー」、同「古代女性史の現状と課題―後宮の問題を中心に―」、伊集院葉子『日本古代女官の研究』）。門脇禎二氏の『采女』にも、男性の圧倒的優越と女性の地位の低下が確立していたという古代社会観が横たわる。こうした観点から執筆された『采女』は、結果として、わが国の采女像、ひいては古代の政治分野での女性像をゆがめることになってしまったのである。

幻想を乗り越えて――エピローグ

各章の内容

簡単に、各章の内容をまとめておこう。

「采女の「姧」と雄略天皇」では、采女《うねめ》の性が天皇に独占されていたとする説の根拠になってきた『日本書紀《にほんしょき》』雄略《ゆうりやく》紀の采女たちのエピソードを取り上げた。采女への「姧《かん》」を罰せられた男性たちの罪は、古代社会が重視した祭祀の場、神事でのタブー侵犯だった。「姧」を疑われ処刑を危うく免れた木工《こだくみ》たちの挿話は、古代で重視された建築技術を擁する工匠への讃歌を引き出すための舞台装置だったことをのべた。

「采女の「貢」とは何だったのか」では、采女「貢進《こうしん》」という用語によって、采女が献上される存在であったかのように受けとめられた経緯を考察した。「貢」は国家にとって有益な人材を推薦する際の法律用語であり、女性だけではなく男性の推薦にあたっても使用された。ところが、研究する側のジェンダー・バイアスによって、女性の場合のみ、「献上」という意味にとられていったのである。

「海を渡る采女」では、夫である将軍とともに倭国《わこく》から朝鮮半島へ渡った吉備上道采《きびのかみつみちのうね》女大海《めおおあま》と、朝鮮半島の百済《くだら》から倭国に到来した采女適稽女郎を取り上げた。倭国からの女性の渡海は、女性もリーダーとして人々を率いる古代社会ゆえのエピソードであることを指摘した。百済から到来した采女は、倭国と百済の「盟約」が成るかどうかという情勢下で派遣された。技術者集団を率いて渡来し、派遣先に長期にわたって滞在するという、古代の人質＝外交官としての役割を担った女性だったことをのべた。

「東アジアの女郎と采女」では、「海を渡る采女」で紹介した百済からの采女が「適稽女郎」と呼ばれた意味を考えた。四～六世紀の東アジア諸国では、「女郎」は王朝始祖の母や帝室・王族女性、高位の女官たちに捧げられた尊称・敬称であり、そのような敬称で呼ばれた王族女性が倭国に到来したことが、『日本書紀』の述作者にとって倭国の優位性を示す好材料となった。ところが、江戸時代以降になると「女郎」に込められた敬意は消え失せ、遊女の意味に変わっていったのである。

「『天寿国繡帳』の采女と大女郎」では、斑鳩《いかるが》の中宮寺《ちゅうぐうじ》に伝わる『天寿国繡帳《てんじゅこくしゅうちょう》』に刺繡された銘文のなかに「采女」「大女郎」の言葉があるのはなぜかを考察した。繡帳は、厩戸《うまやと》王（聖徳太子）の妻の一人だった橘《たちばな》大女郎の請いによって造られたものであり、王の来世のさまを描いている。経典では、宮廷女性を意味する「采女《サイジョ》」と、王女の敬称としての「女郎」が登場する。銘文の「采女」「大女郎」は、経典からの引用が推定されることをのべた。

「采女の虚像と実像」では、采女は、本来は地方豪族の一員であることを出仕の資格要件とされ、朝廷で役割を果たしてきた存在であるにもかかわらず、近世以降の研究によって本質がゆがめられていった過程を検証した。今日の采女観は、近世中期以降から近現代にかけての研究の影響が大きく影を落としているのである。

地方からやってきた采女と女官

律令国家形成期の采女制度法制化にあたって、日本の古語であるウネメに、漢語の「采女」があてられた。「采女」は、中国王朝の低位の妃妾や宮女を指す言葉であり、この漢語の採用によって、『日本書紀』編纂にあたっての宮廷女性に対する述作方針が固まったのではないか。ひとくちに采女といっても、『日本書紀』には、吉備上道采女大海や、律令制の内外命婦に擬せられた磐坂媛《いわさか》のように、有力な豪族と推定される女性たちが描かれた一方で、淡々と職責をこなす実務型の采女もみえる。雄略紀・雄略記の采女のように、宮廷に伝わる讃歌や寿歌を引き出す物語の筋立てのなかに置かれた女性もあった。伝承とはいえ、同じ「采女」でありながら、種々の女性が混在するのである。それは、宮廷に、さまざまな層の女性が出仕していたにもかかわらず、『日本書紀』編纂の過程で、それらの女性すべてを「采女」という言葉で統一したからだとみておきたい。

その後の采女は、『日本書紀』『古事記《こじき》』『万葉集《まんようしゅう》』の解釈ともあいまって、隷属的なイメージが広がっていった。実体とかけはなれた、「幻想」ともいえる采女像である。

本書では、采女たちが、飛鳥の中心地である小墾田や、天皇と結びつきの強い山辺など、大和の各地から出仕していたことをみてきた。さらに、吉備、伊勢、山背（山城の旧名）など、列島各地からの出仕も紹介した。采女ではないが、九州地方の日向からも女性が到来したことものべた。つまり、大化改新以前にも、列島各地から男性だけではなく女性が王宮にやってきたのである。地方から女性が出仕し、朝廷で役割を担った。このような列島各地から朝廷へという流れは、大化改新を経て律令で采女制度という全国的な施策に結実したのである。

律令制で天皇直結の女官として想定されたのは、采女と、原則として畿内豪族の一員として出仕した氏女《うじめ》である。ただし、畿外豪族からも希望すれば氏女の出仕が可能だった。中央、地方からの女性の出仕が求められたのは、男女ともに政事の場でも役割を果たすという古代社会の在り方があったからである。女官たちは、天皇の政務に関与し、律令国家機構の一員として役割を果たした。律令国家成立から平安時代前期の女官については、同じ『歴史文化ライブラリー』の前著『古代の女性官僚』で、出仕、職掌、勤務評定と昇進、経済、結婚、引退までを詳しく紹介した。律令国家成立以降は、歴史書と文字史料がある程度残されていたため、その集成と分析が可能だった。しかし、前著の手法は、本書では使用不可能だった。このため、本書では、主に『日本書紀』の記述に即しながら、編纂・述作の意図を考え、律令制以前の政治の舞台での女性の実像に近づくことに努めた。律令官僚制と、氏女、采女から成る女官の理解のためには、律令制前史の采女を知ることが大切である。本書が、その助けになれば嬉しいと思う。

あとがき

十年もかかってしまった。

前著の歴史文化ライブラリー『古代の女性官僚』（二〇一四年）を出版してすぐに、吉川弘文館編集部の斎藤信子さんから「次は采女《うねめ》を書いて下さいね」と依頼されてから、十年。

私が歴史学の世界に飛び込み女官研究を始めたときには、門脇禎二さんの中公新書『采女―献上された豪族の娘たち―』（一九六五年）によって、日本女性の歴史的な地位の低下を象徴する存在としての采女像が普及していた。岩盤の先行研究をまえに、難題に立ちつくした。

『古代の女性官僚』では、律令制下の女官の紹介に絞った。その「あとがき」で、律令制成立以前の女官の活躍と、令制前に淵源をもつ采女についてはほとんど触れることができなかったと書き、「機会があれば紹介したい」と書いた。その機会を与えていただいたにもかかわらず、十年もかかったのは、ただただ『日本書紀』に描かれた采女像に翻弄されたからである。『日本書紀』の采女記事を読むたびに、ちぐはぐでアンバランスな印象を受けた。ひとくちに采女と言っても、朝廷に存在感を誇示する堂々たる女性豪族（吉備上道采女大海や磐坂媛）や外国の王女（池津媛＝適稽女郎）もいれば、天皇の恣意に翻弄される女性（そのほとんどは無名。ただ「采女」と書かれた）もいる。謎に満ちた存在、それが采女だった。

彼女たちのエピソードを文字通りに読めば、五九年前に門脇禎二さんが書かれた『采女―献上された豪族の娘たち―』の再現になる。ところが、ジェンダー史と女性史の視点から歴史書を読み直すと、どうしても矛盾を感じざるを得ないのである。それは、女帝が輩出し、女性が政治の世界でも、地域社会の生産の場でもリーダーとして躍動した古代社会像と、これまで受け入れられてきた古代の「采女」像とのギャップである。

本書は、古代史研究、女性史・ジェンダー史研究の成果を「采女」分析に活かすように努めた。それは、『日本書紀』に刻印された采女像――幻想の采女と言うべきものだが――を分析し、実像の采女像に迫っていく作業だった。執筆の過程で、日本古代史専攻の諸兄姉をはじめ、多くの研究者の方々からご助言をいただいた。とくに、魏晋南北朝史の板橋暁子さん、日本近世史の横山百合子さんから、貴重なご教示を賜った。行基研究の角田洋子さんからは、わが国の早期の仏教受容について示唆を受けた。お力添えを下さったすべての方々のお名前をあげないが、みなさまに心から感謝していることをお伝えしたい。本書の記述に誤りがあれば、それは筆者の理解不足によるものであり、先輩諸兄姉のご助言を生かし切れなかった未熟さをお詫びしたい。

執筆中に、新幹線新神戸駅の近くに竹中大工道具館があることを知った。展示を観覧しながら、『日本書紀』雄略天皇のくだりに描かれた工匠（大工）の受難伝承（「采女の「奸」と雄略天皇」の章を参照）が、じつは、大陸から伝来した最新の道具を使いこなす工匠への讃歌であることを確信した。墨縄（設計用工具）を使って直線を引く体験もさせていただいた。人生初で、たいへん楽しかった。お教え下さったボランティアの方のご親切にお礼申しあげたい。

本書の内容は、早稲田大学エクステンションセンター中野校講座（二〇一八〜二三年）、同早稲田校講座（二〇二一年〜　）、横浜市の生涯学習グループのみなさんの古代史セミナー（二〇二二年）、専修大学エクステンションセンター公開講座「歴史を紐解く」（二〇一四年）などでおこなった古代の女性官僚、とくに采女についての講義の内容を取り込んだものである。講座では、采女はどこまで出世できたのか、采女の性関係の表現には「奸」だけではなく「婬」「通」「犯」もみえるが、その漢語選択の理由をどう考えたら良いのか、『万葉集』の采女をどうみるのかなど、たびたび質問をいただき、答える中で私自身が学ばされ、問題意識を深める機会となった。講座では、女官・采女たちのトピックスだけではなく、学史・研究史にも触れることが多かった。熱心にノートをとり、「研究って面白いんですね！」とニコニコしながら言って下さったみなさまに深く感謝を捧げたい。

本書の出版にあたっては、吉川弘文館編集部の伊藤俊之さんが担当者として尽力して下さった。図版選びの抜群のセンスと細やかな提案に、終始助けられた。読者の側に立って「より読みやすく、分かりやすく」と工夫して下さる姿勢がたいへんありがたかった。この場を借りてお礼を申しあげたい。ありがとうございました。

二〇二四年六月

伊集院葉子

参考文献

采女の「奸」と雄略天皇

青木紀元「旧辞と歌謡」『日本神話の基礎的研究』風間書房、一九七〇年。初出一九六二年
青木紀元「日本古代の罪と大祓」『祝詞古伝承の研究』国書刊行会、一九八五年
青木紀元「ミソギ・ハラへ」『日本神話の基礎的研究』風間書房、一九七〇年。初出一九六四年
石母田正「古代法小史」『日本古代国家論』第一部、岩波書店、一九七三年。初出一九六二年
伊集院葉子「采女論再考」『日本古代女官の研究』吉川弘文館、二〇一六年。初出二〇一二年
海野　聡『森と木と建築の日本史』(『岩波新書』)、岩波書店、二〇二二年
岡田重精『古代の斎忌』国書刊行会、一九八二年
岡田精司『古代王権の祭祀と神話』塙書房、一九七〇年
岡田精司『古代祭祀の史的研究』塙書房、一九九二年
折口信夫「宮廷儀礼の民俗学的考察—采女を中心として—」『折口信夫全集』一八、中央公論社、一九九七年。初刊一九三二年
門脇禎二『采女』(『中公新書』)、中央公論社、一九六五年
川出清彦『祭祀概説』学生社、一九七八年
木村徳国「ニヒムロノウタゲについて」『日本建築学会論文報告集』二五一、一九七七年

関口裕子「日本古代における「姦」について」『日本古代婚姻史の研究』上、塙書房、一九九三年
関口裕子「日本古代の豪貴族層における家族の特質について」『日本古代家族史の研究』下、塙書房、二〇〇四年
高柳真三「上古の罪と祓および刑」(一)〜(三)『法学』一五—一〜三、一九五一年
田中俊明「朝鮮三国の国家形成と倭」大津透・桜井英治他編『岩波講座　日本歴史』一、岩波書店、二〇一三年
田中史生「古代文献から読み取れる日本列島内の百済系・中国系移住民」『百済研究』七四、二〇二一年
谷川士清『日本書紀通証』臨川書店、一九七八年
津田左右吉『日本古典の研究』下、岩波書店、一九七二年改版。初刊一九五〇年
福山敏男『日本建築史の研究』綜芸舎、一九八〇年。初刊桑名文星堂、一九四三年
村松貞次郎『大工道具の歴史』(『岩波新書』)、岩波書店、一九七三年
森　公章「律令制下の国造に関する初歩的考察—律令国家の国造対策を中心として—」『古代郡司制度の研究』吉川弘文館、二〇〇〇年。初出一九八七年
矢野建一『日本古代の宗教と社会』塙書房、二〇一八年
義江明子『県犬養橘三千代』(『人物叢書』)、吉川弘文館、二〇〇九年
義江明子『推古天皇』(『ミネルヴァ日本評伝選』)、ミネルヴァ書房、二〇二〇年
渡邉　晶『大工道具の日本史』(『歴史文化ライブラリー』)、吉川弘文館、二〇〇四年

渡邉　晶『日本建築技術史の研究』中央公論美術出版、二〇〇四年
『竹中大工道具館　常設展図録』竹中大工道具館、二〇二一年（第４版）

采女の「貢」とは何だったのか

明石一紀『日本古代の親族構造』吉川弘文館、一九九〇年
浅井虎夫著・所京子校訂『新訂女官通解』（『講談社学術文庫』）、講談社、一九八五年。初刊『女官通解』五車楼、一九〇六年
石母田正「日本古代における国際意識について―古代貴族の場合―」『石母田正著作集』四、岩波書店、一九八九年。初出一九六二年
伊集院葉子「後宮職員令の構造と特質」『日本古代女官の研究』吉川弘文館、二〇一六年
伊集院葉子「日本令英訳の試み」（明治大学国際学術研究会『交響する古代Ⅵ―古代文化資源の国際化とその意義―』予稿集、二〇一六年
伊集院葉子「日本古代の女官／女性官僚―二重のジェンダー・バイアスへの問いかけ―」『歴史学研究』一〇一六、二〇二一年
磯貝正義『郡司及び采女制度の研究』吉川弘文館、一九七八年
遠藤みどり「皇后制の成立」『日本古代の女帝と譲位』塙書房、二〇一五年
胡　潔『律令制度と日本古代の婚姻・家族に関する研究』風間書房、二〇一六年
小島憲之「出典考」『上代日本文学と中国文学』上、塙書房、一九六二年

佐伯有清『新撰姓氏録の研究』考證篇第一、吉川弘文館、一九八一年
関口裕子『日本古代家族史の研究』上・下、塙書房、二〇〇四年
關口裕子『日本古代女性史の研究』塙書房、二〇一八年
曾我部静雄「中国の選挙と貢挙と科挙」『史林』五三―四、一九七〇年
津田左右吉『日本上代史の研究』岩波書店、一九七二年改版。初刊一九四七年
津田左右吉『日本古典の研究』下、岩波書店、一九七二年改版。初刊一九五〇年
仁藤敦史「トネリと采女」『古代王権と支配構造』吉川弘文館、二〇一二年。初出二〇〇五年
仁藤敦史「東アジア世界と中華思想」『古代王権と東アジア世界』吉川弘文館、二〇二四年。初出二〇一七年
野村忠夫『律令官人制の研究』増訂版、吉川弘文館、一九七〇年
橋本義則『平安宮成立史の研究』塙書房、一九九五年
橋本義則『古代宮都の内裏構造』吉川弘文館、二〇一一年
服藤早苗「平安時代の天皇・貴族の婚姻儀礼」『日本歴史』七三三、二〇〇九年
三崎裕子「キサキの宮の存在形態について」総合女性史研究会編『日本女性史論集2　政治と女性』吉川弘文館、一九九七年。初出一九八八年
義江明子『県犬養橘三千代』(『人物叢書』)、吉川弘文館、二〇〇九年
義江明子、伊集院葉子、ジョーン・R・ピジョー「日本令にみるジェンダー（1）戸令」『帝京史学』二八、二〇一三年。「同（2）（3）後宮職員令　上・下」『専修史学』五五・五七、二〇一三・二〇

一四年。「同：Glossary」『専修史学』五九、二〇一五年。南カリフォルニア大学ホームページで公開。
義江明子「日本古代史の精緻化と史料英訳―日本史を日本人研究者だけのものとしないために―」『史学雑誌』一二四―一一、二〇一五年
義江明子『推古天皇』（『ミネルヴァ日本評伝選』）、ミネルヴァ書房、二〇二〇年
吉田　孝『律令国家と古代の社会』岩波書店、一九八三年
吉田　孝『続　律令国家と古代の社会』岩波書店、二〇一八年
W. G. Aston, *Nihongi: chronicles of Japan from the earliest times to A.D. 697 v. 1*, London: Kegan Paul, Trench, Trübner, 1896.（国際交流基金ライブラリー蔵）
ライシャワー、都留重人他監修 *Kodansha Encyclopedia of Japan (8)*,（一九八三年発行）
『中国古代官名辞典』（Hucker, Charles O. *A dictionary of official titles in Imperial China*. Stanford: Stanford University Press, 1985）
全釈漢文大系26『文選（文章編）』一、集英社、一九七四年

海を渡る采女

青木五郎『新釈漢文大系91　史記十一（列伝四）』、明治書院、二〇〇四年
荒木敏夫『古代天皇家の婚姻戦略』（『歴史文化ライブラリー』）、吉川弘文館、二〇一三年
飯田武郷『日本書紀通釈』教育出版センター、一九八五年。発売は冬至書房新社
池内　宏『日本上代史の一研究』中央公論美術出版、一九七〇年。初刊近藤書店、一九四七年

伊集院葉子「髪長媛伝承の「喚」—地方豪族の仕奉と王権—」『日本古代女官の研究』吉川弘文館、二〇一六年。初出二〇一二年
伊集院葉子「古代の政治空間のなかの女性—国家意志形成との関わりについて—」『国立歴史民俗博物館研究報告』二三五、二〇二二年
磯貝正義「采女貢進制の基礎的研究」『郡司及び采女制度の研究』吉川弘文館、一九七八年。初出一九五八年
井上直樹「百済の王号・侯号・太守号と将軍号—五世紀後半の百済の支配秩序と東アジア—」『国立歴史民俗博物館研究報告』二一一、二〇一八年
井上光貞「大和国家の軍事的基礎」『井上光貞著作集』4、岩波書店、一九八五年。初刊一九四九年
遠藤慶太『六国史』(『中公新書』)、中央公論新社、二〇一六年
遠藤慶太『日本書紀の形成と諸資料』塙書房、二〇一五年
遠藤慶太、河内春人、関根淳、細井浩志編『日本書紀の誕生』八木書店、二〇一八年
加藤謙吉「フミヒトの活動形態と機動性」『大和政権とフミヒト制』吉川弘文館、二〇〇二年
門脇禎二『采女』(『中公新書』)、中央公論社、一九六五年
岸　俊男「紀氏に関する一試考」『日本古代政治史研究』塙書房、一九六六年。初出一九六二年
小島憲之「出典考」『上代日本文学と中国文学』上、塙書房、一九六二年
坂本太郎「継体紀の史料批判」『日本古代史の基礎的研究』上、東京大学出版会、一九六四年。初出一九六一年

坂元義種「中国史書における百済王関係記事の検討」『百済史の研究』塙書房、一九七八年
関口裕子「日本古代における「姦」について」『日本古代婚姻史の研究』上、塙書房、一九九三年
関口裕子『日本古代婚姻史の研究』上、塙書房、一九九三年
田中史生『倭国と渡来人』（『歴史文化ライブラリー』）、吉川弘文館、二〇〇五年
礪波護・武田幸男『世界の歴史6　隋唐帝国と古代朝鮮』中央公論社、一九九七年
直木孝次郎『日本古代兵制史の研究』吉川弘文館、一九六八年
那珂通世「上世年紀考」那珂通世著・三品彰英増補『増補上世年紀考』養徳社、一九四八年。初出一八九七年
西本昌弘「豊璋と翹岐―大化改新前夜の倭国と百済―」『ヒストリア』一〇七号、一九八五年
仁藤敦史「東アジア世界と中華思想」『古代王権と東アジア世界』吉川弘文館、二〇二四年。初出二〇一七年
仁藤敦史「神功紀外交記事の基礎的考察」『古代王権と東アジア世界』吉川弘文館、二〇二四年。初出二〇一八年
東村純子「古代織物生産の権力構造と女性」総合女性史学会／辻浩和・長島淳子・石月静恵編『女性労働の日本史』勉誠出版、二〇一九年
平野邦雄『大化前代社会組織の研究』吉川弘文館、一九六九年
三品彰英『日本書紀朝鮮関係記事考證』上・下、天山舎、二〇〇二年。初刊吉川弘文館、一九六二年
森　公章『東アジアの動乱と倭国』（『戦争の日本史』一）、吉川弘文館、二〇〇六年

森　博達『日本書紀の謎を解く』（『中公新書』）、中央公論社、一九九九年
山尾幸久「任那成立の史料について」『日本史研究』一五四、一九七五年
山尾幸久『日本古代王権形成史論』岩波書店、一九八三年
山尾幸久『古代の日朝関係』塙書房、一九八九年
義江明子「戦う女と兵士」西村汎子編『戦争・暴力と女性1　戦の中の女たち』吉川弘文館、二〇〇四年
義江明子、伊集院葉子、ジョーン・R・ピジョー「日本令にみるジェンダー（1）戸令」『帝京史学』二八、二〇一三年

東アジアの女郎と采女

赤羽目匡由「「開仙寺石燈記」の基礎的研究」『メトロポリタン史学』一八、二〇二二年
伊集院葉子『古代の女性官僚』（『歴史文化ライブラリー』三九〇）、吉川弘文館、二〇一四年
磯貝正義『郡司及び采女制度の研究』吉川弘文館、一九七八年
板橋暁子「木蘭故事とジェンダー「越境」―五胡北朝期の社会からみる―」小浜正子編『ジェンダーの中国史』勉誠出版、二〇一五年
大多和朋子「遊行女婦考―日本古代史における遊女の一起源の研究―」『学習院大学人文科学論集』七、一九九八年
大塚光信校注『コリャード懺悔録』（『岩波文庫』）、岩波書店、一九八六年

解題「豊後陣聞書」（『群書解題』第四巻）、続群書類従完成会、一九八一年再版
亀井　孝「懺悔考・女郎考」『国語学』三六、一九五九年
亀井　孝「意味の変化と表現価値」「「女郎」の語のニュアンス」『国語学』三七、一九五九年
亀井　孝「女郎考追記」『国語学』三九、一九五九年
賀茂真淵『万葉考別記』一（『賀茂真淵全集』二）、続群書類従完成会、一九七七年
神田秀夫「「嬢子」と「郎女」」『古事記の構造』明治書院、一九五九年。初出一九五二年
近藤春雄『唐代小説の研究』笠間書院、一九七八年
新編日本古典文学全集『近松門左衛門集』①、小学館、一九九七年
新編日本古典文学全集『井原西鶴集』①、小学館、一九九六年
妹尾達彦「恋をする男―九世紀の長安における新しい男女認識の形成―」白東史学会・中央大学東洋史学研究室編『中央大学東洋史学専攻創設五十周年記念アジア史論叢』二〇〇二年
関口裕子『日本古代婚姻史の研究』下、塙書房、一九九三年
関口裕子『日本古代女性史の研究』塙書房、二〇一八年
武田幸男「牟頭婁一族と高句麗王権」『高句麗史と東アジア』岩波書店、一九八九年。初出一九八一年
竹村則行「『翰苑』及び『遊仙窟』の中国散佚と日本伝存の背景」九州大学中国文学会編『中国文学論集』五一、二〇二二年
橘　守部『万葉集桧嬬手別記』（『新訂増補橘守部全集』四）、東京美術、一九六七年。初刊一九二一年
谷川士清『日本書紀通証』臨川書店、一九七八年

礪波護・武田幸男『世界の歴史6　隋唐帝国と古代朝鮮』中央公論社、一九九七年
中村幸彦・朝倉治彦編、空色軒一夢「諸国色里案内　貞享五年板」（『未刊文芸資料』第3期第4）、古典文庫、一九五三年（国立国会図書館デジタルコレクション）
橋本　繁「高句麗の始祖伝説」李成市・宮嶋博史・糟谷憲一編『世界歴史大系　朝鮮史1』山川出版社、二〇一七年
橋本　繁「蔚州川前里書石原銘・追銘にみる新羅王権と王京六部」『史滴』四〇、二〇一八年
林　望「解説」『元禄三年刊橘守部旧蔵本　遊仙窟鈔』上・下、勉誠社文庫、一九八一年
日埜博司編著『コリャード懺悔録』八木書店、二〇一六年
服藤早苗「遊行女婦から遊女へ」『平安王朝社会のジェンダー』校倉書房、二〇〇五年。初出一九九〇年
服藤早苗『古代・中世の芸能と買売春』明石書店、二〇一二年
藤本箕山著・新版色道大鏡刊行会編『新版　色道大鏡』八木書店、二〇〇六年
前野直彬「作品解題」前野直彬・尾上兼英他訳『幽明録・遊仙窟他』平凡社、一九六五年
松枝茂夫編『中国名詩選』中（『岩波文庫』）、岩波書店、一九八四年
山田英雄「女郎・郎女・大嬢・娘子」『万葉集覚書』岩波書店、一九九九年。初出一九八九年
国立国語研究所　日本語研究・日本語教育文献データベース https://bibdb.ninjal.ac.jp/bunken/ja/
『豊後陣聞書』（『続群書類従』第二三輯上・合戦部）、続群書類従完成会、一九五八年訂正三版
新釈漢文大系『白氏文集』④、明治書院、一九九〇年

『天寿国繡帳銘』の采女と大女郎

浅井虎夫著・所京子校訂『新訂女官通解』（『講談社学術文庫』）、講談社、一九八五年。初刊『女官通解』五車楼、一九〇六年

荒木敏夫『日本古代の皇太子』吉川弘文館、一九八五年

荒木敏夫「日本古代の王権と分業・技術に関する覚え書—六・七世紀を中心として—」『日本古代王権の研究』吉川弘文館、二〇〇六年。初出一九九四年

飯田瑞穂「天寿国繡帳銘の復原について」『飯田瑞穂著作集一　聖徳太子伝の研究』吉川弘文館、二〇〇〇年。初出一九六六年

伊集院葉子「采女論再考」『日本古代女官の研究』吉川弘文館、二〇一六年。初出二〇一二年

伊集院葉子「髪長媛伝承の「喚」—地方豪族の仕奉と王権—」『日本古代女官の研究』吉川弘文館、二〇一六年。初出二〇一二年

大橋一章『天寿国繡帳の研究』新装版、吉川弘文館、二〇二三年。初刊一九九五年

大山誠一「天寿国繡帳銘の成立—天皇号の始用と関連して—」『長屋王家木簡と金石文』吉川弘文館、一九九八年

大山誠一『〈聖徳太子〉の誕生』（『歴史文化ライブラリー』）、吉川弘文館、一九九九年

鎌田重雄「漢代の後宮」『秦漢政治制度の研究』日本学術振興会、一九六二年。初刊『漢代史研究』川田書房、一九四九年

鎌田茂雄『中国仏教史二　受容期の仏教』東京大学出版会、一九八三年
川本芳昭『中国の歴史5　中華の崩壊と拡大：魏晋南北朝』(『講談社学術文庫』)、講談社、二〇二〇年。初刊二〇〇五年
河村秀根『書紀集解』臨川書店、一九六九年
黒瀬之恵「日本古代の王権と交通」『歴史学研究』七四二、二〇〇〇年
河内春人「倭王武の上表文と文字表記」『日本古代君主号の研究』八木書店、二〇一五年。初出二〇〇三年
小林　岳『後漢書劉昭注李賢注の研究』汲古書院、二〇一三年
佐伯有清『新撰姓氏録の研究』考證篇第四、吉川弘文館、一九八二年
関　晃「帰化人」『関晃著作集三　古代の帰化人』吉川弘文館、一九九六年。初刊至文堂、一九五六年
関　晃「倭漢氏の研究」『関晃著作集三　古代の帰化人』吉川弘文館、一九九六年。初出一九五三年
瀬間正之「推古朝遺文の再検討」大山誠一編『聖徳太子の真実』(『平凡社ライブラリー』)、平凡社、二〇一四年。初刊二〇〇三年
曾根正人『聖徳太子と飛鳥仏教』(『歴史文化ライブラリー』)、吉川弘文館、二〇〇七年
高楠順次郎編『大正新脩大蔵経』大正一切経刊行会、一九二四～一九三二年
田中史生「飛鳥寺建立と渡来工人・僧侶たち―倭国における技能伝習の新局面―」鈴木靖民編『古代東アジアの仏教と王権』勉誠出版、二〇一〇年

田中史生「武の上表文―もうひとつの東アジア―」平川南・沖森卓也・栄原永遠男・山中章編『文字と古代日本2　文字による交流』吉川弘文館、二〇〇五年
田中史生「古代文献から読み取れる日本列島内の百済系・中国系移住民」『百済研究』七四、二〇二一年
谷川士清『日本書紀通証』臨川書店、一九七八年
津田左右吉「天皇考」『日本上代史の研究』岩波書店、一九七二年改版。初出一九二〇年
東野治之「日出処・日本・ワークワーク」『遣唐使と正倉院』岩波書店、一九九二年。初出一九九一年
東野治之「長屋王家木簡の文体と用語」『長屋王家木簡の研究』塙書房、一九九六年。初出一九九一年
東野治之校注『上宮聖徳法王帝説』(『岩波文庫』)、岩波書店、二〇一三年
中村　元『広説仏教語大辞典』東京書籍、二〇〇一年
仁藤敦史「トネリと采女」『古代王権と支配構造』吉川弘文館、二〇一二年。初出二〇〇五年
野見山由佳「天寿国曼荼羅繡帳の成立」大山誠一編『日本書紀の謎と聖徳太子』平凡社、二〇一一年
花山信勝校訳『法華義疏』上・下(『岩波文庫』)、岩波書店、一九七五年
平野邦雄「「部」の本質とその諸類型」『大化前代社会組織の研究』吉川弘文館、一九六九年
藤枝　晃「勝鬘経義疏」家永三郎・藤枝晃・早島鏡正・築島裕校注『日本思想大系2　聖徳太子集』岩波書店、一九七五年
保科季子「天子の好逑―漢代の儒教的皇后論―」『東洋史研究』六一―二、二〇〇二年
堀　敏一「漢代の七科謫とその起源」『中国古代の身分制』汲古書院、一九八七年。初出一九八二年

堀　敏一「漢代の良家について」『中国古代の身分制』汲古書院、一九八七年
文珠正子「令制宮人の一特質について―「与男官共預知」の宮人たち―」関西大学博物館学課程創設三十周年記念特集『阡陵』、一九九二年
安田二郎「西晋武帝好色攷」『六朝政治史の研究』京都大学学術出版会、二〇〇三年。初出一九九八年
義江明子「「娶生」系譜にみる双方的親族関係―「天寿国繡帳銘」系譜―」『日本古代系譜様式論』吉川弘文館、二〇〇〇年。初出一九八九年
義江明子『つくられた卑弥呼』（『ちくま学芸文庫』）、筑摩書房、二〇一八年。初刊『ちくま新書』、二〇〇五年
義江明子『推古天皇』（『ミネルヴァ日本評伝選』）、ミネルヴァ書房、二〇二〇年
吉田一彦「天寿国曼荼羅繡帳銘文の人名表記」『仏教伝来の研究』吉川弘文館、二〇一二年。初出二〇〇八年
和田英松著・所功校訂『新訂官職要解』（『講談社学術文庫』）、講談社、一九八三年。初刊『官職要解』明治書院、一九〇二年
SAT大正新脩大蔵経テキストデータベース https://21dzk.l.u-tokyo.ac.jp/SAT/index.html

采女の虚像と実像

青木紀元「ミソギ・ハラへ」『日本神話の基礎的研究』風間書房、一九七〇年。初出一九六四年
浅井虎夫著・所京子校訂『新訂女官通解』（『講談社学術文庫』）、講談社、一九八五年。初刊『女官通

解』五車楼、一九〇六年
麻野絵里佳「奈良時代における畿外出身女孺に関する一考察」『史観』一三一、一九九四年
伊集院葉子「采女論再考」『日本古代女官の研究』吉川弘文館、二〇一六年。初出二〇一二年
伊集院葉子『日本古代女官の研究』吉川弘文館、二〇一六年
磯貝正義「采女貢進制の基礎的研究」『郡司及び采女制度の研究』吉川弘文館、一九七八年。初出一九五八年
磯貝正義「門脇禎二氏著『采女』について」『郡司及び采女制度の研究』吉川弘文館、一九七八年。初出一九六六年
岡田莊司『大嘗祭と古代の祭祀』吉川弘文館、二〇一九年
岡田莊司「大嘗祭―陪膳采女の作法と祝詞を中心に―」『古代天皇と神祇の祭祀体系』吉川弘文館、二〇二二年。初出二〇一九年
折口信夫「最古日本の女性生活の根底」『折口信夫全集』二、中央公論社、一九九五年。初出一九二四年
折口信夫「国文学の発生」（第二稿）『折口信夫全集』一、中央公論社、一九九五年。初出一九二四年
折口信夫「大嘗祭の本義」『折口信夫全集』三、中央公論社、一九九五年。初出一九三〇年
折口信夫「宮廷儀礼の民俗学的考察―采女を中心として―」『折口信夫全集』一八、中央公論社、一九九七年。初刊一九三二年
折口信夫全集刊行会編『折口信夫全集』三六「年譜」。中央公論新社、二〇〇一年

門脇禎二『采女』（『中公新書』）、中央公論社、一九六五年
喜田貞吉「女帝の皇位継承に関する先例を論じて、『大日本史』の「大友天皇本紀」に及ぶ」『喜田貞吉著作集』第三巻、平凡社、一九八一年。初出一九〇四年
黒瀬之恵「日本古代の王権と交通」『歴史学研究』七四二、二〇〇〇年
契　沖『万葉代匠記』『契沖全集』第一巻、岩波書店、一九七三年
契　沖『厚顔抄』下、『契沖全集』第七巻、岩波書店、一九七四年
西郷信綱『古事記の世界』（『岩波新書』）、岩波書店、一九六七年
西郷信綱『古事記注釈』第四巻、平凡社、一九八九年
佐佐木信綱「橘守部の万葉学」アララギ特別増刊『橘守部遺著　万葉集桧嬬手』アララギ発行所発行、岩波書店発売、一九一六年
佐藤長門『日本古代王権の構造と展開』吉川弘文館、二〇〇九年
島木赤彦「編輯所より」アララギ特別増刊『橘守部遺著　万葉集桧嬬手』アララギ発行所発行、岩波書店発売、一九一六年
島木赤彦「万葉集桧嬬手重版について」（『万葉集叢書』第三輯）、古今書院、一九二三年
釈　迢空「橘元輔源守部—守部評論」「解題」アララギ特別増刊『橘守部遺著　万葉集桧嬬手』アララギ発行所発行、岩波書店発売、一九一六年
鈴木暎一『橘守部』（『人物叢書』）、吉川弘文館、一九七二年
橘純一編『橘守部全集』国書刊行会、一九二〇～二二年

橘　守部『万葉集桧嬬手』(『万葉集叢書』第三輯)、古今書院、一九二三年
津田左右吉『日本古典の研究』下、岩波書店、一九七二年改版。初刊一九五〇年
中山太郎(中山丙子)『日本売笑史』(上笙一郎・山崎朋子編『日本女性史叢書』第二巻・明治大正期二)、クレス出版、二〇〇七年復刻。初刊一九〇六年
中山太郎『売笑三千年史』(『ちくま学芸文庫』)、筑摩書房、二〇一三年。一九五六年の改訂増補版本文を文庫化。初刊一九二七年
西野悠紀子「古代女性生活史の構造」女性史総合研究会編『日本女性生活史1　原始・古代』東京大学出版会、一九九〇年
西野悠紀子「古代女性史の現状と課題―後宮の問題を中心に―」田端泰子・上野千鶴子・服藤早苗編『ジェンダーと女性』早稲田大学出版部、二〇〇四年
西野悠紀子「原始社会とジェンダー」大口勇次郎・成田龍一・服藤早苗編『新体系日本史9　ジェンダー史』山川出版、二〇一四年
平野邦雄「「部」の本質とその諸類型」『大化前代社会組織の研究』吉川弘文館、一九六九年
富士谷御杖『北辺随筆』巻之四(『日本随筆全集』九)、国民図書、一九二八年
義江明子『推古天皇』(『ミネルヴァ日本評伝選』)、ミネルヴァ書房、二〇二〇年
アララギ特別増刊『橘守部遺著　万葉集桧嬬手』アララギ発行所発行、岩波書店発売、一九一六年

本書成稿までの間に、参照すべきでありながら見落とした書籍と論文は、けっして少なくない。筆者の不明に

より先学の研究成果をご紹介しきれなかったことをお詫びしたい。なお、史料の引用にあたっては、次の書籍を参考にした。

日本古典文学大系『日本書紀』上・下、岩波書店
新日本古典文学大系『万葉集』一～四、岩波書店
新編日本古典文学全集『日本書紀』①～③、小学館
新編日本古典文学全集『古事記』小学館
新編日本古典文学全集『風土記』小学館
日本思想大系『律令』岩波書店
日本思想大系『古事記』岩波書店
訳注日本史料『延喜式』上・中・下、集英社

著者紹介

一九五九年、岩手県に生まれる
一九八四年、千葉大学教育学部卒業
二〇一二年、専修大学大学院文学研究科歴史学専攻博士後期課程修了、博士（歴史学）
現在、専修大学・川村学園女子大学非常勤講師

〔主要編著書〕

『古代の女性官僚―女官の出世・結婚・引退―』（吉川弘文館、二〇一四年）
『日本古代女官の研究』（吉川弘文館、二〇一六年）
『女性労働の日本史』（共著、勉誠出版、二〇一九年）
『ジェンダー分析で学ぶ女性史入門』（共編著、岩波書店、二〇二一年）
『深化する歴史学』（共著、大月書店、二〇二四年）

歴史文化ライブラリー
605

采女《うねめ》　なぞの古代女性
地方からやってきた女官たち

二〇二四年（令和六）九月一日　第一刷発行

著　者　伊《い》集《じゅう》院《いん》葉《よう》子《こ》
発行者　吉川道郎
発行所　株式会社　吉川弘文館
東京都文京区本郷七丁目二番八号
郵便番号一一三―〇〇三三
電話〇三―三八一三―九一五一〈代表〉
振替口座〇〇一〇〇―五―二四四
https://www.yoshikawa-k.co.jp/
印刷＝株式会社　平文社
製本＝ナショナル製本協同組合
装幀＝清水良洋・宮崎萌美

ISBN978-4-642-30605-8

歴史文化ライブラリー

1996. 10

刊行のことば

現今の日本および国際社会は、さまざまな面で大変動の時代を迎えておりますが、近づきつつある二十一世紀は人類史の到達点として、物質的な繁栄のみならず文化や自然・社会環境を謳歌できる平和な社会でなければなりません。しかしながら高度成長・技術革新にともなう急激な変貌は「自己本位な刹那主義」の風潮を生みだし、先人が築いてきた歴史や文化に学ぶ余裕もなく、いまだ明るい人類の将来が展望できていないようにも見えます。このような状況を踏まえ、よりよい二十一世紀社会を築くために、人類誕生から現在に至る「人類の遺産・教訓」としてのあらゆる分野の歴史と文化を「歴史文化ライブラリー」として刊行することといたしました。

小社は、安政四年（一八五七）の創業以来、一貫して歴史学を中心とした専門出版社として書籍を刊行しつづけてまいりました。その経験を生かし、学問成果にもとづいた本叢書を刊行し社会的要請に応えて行きたいと考えております。

現代は、マスメディアが発達した高度情報化社会といわれますが、私どもはあくまでも活字を主体とした出版こそ、ものの本質を考える基礎と信じ、本叢書をとおして社会に訴えてまいりたいと思います。これから生まれでる一冊一冊が、それぞれの読者を知的冒険の旅へと誘い、希望に満ちた人類の未来を構築する糧となれば幸いです。

吉川弘文館

歴史文化ライブラリー

古代史

- 邪馬台国の滅亡 大和王権の征服戦争 ―― 若井敏明
- 日本語の誕生 古代の文字と表記 ―― 沖森卓也
- 日本国号の歴史 ―― 小林敏男
- 日本神話を語ろう イザナキ・イザナミの物語 ―― 中村修也
- 六国史以前 日本書紀への道のり ―― 関根 淳
- 東アジアの日本書紀 歴史書の誕生 ―― 遠藤慶太
- 〈聖徳太子〉の誕生 ―― 大山誠一
- 倭国と渡来人 交錯する「内」と「外」 ―― 田中史生
- 大和の豪族と渡来人 葛城・蘇我氏と大伴・物部氏 ―― 加藤謙吉
- 物部氏 古代氏族の起源と盛衰 ―― 篠川 賢
- 東アジアからみた「大化改新」 ―― 仁藤敦史
- 白村江の真実 新羅王・金春秋の策略 ―― 中村修也
- よみがえる古代山城 国際戦争と防衛ライン ―― 向井一雄
- よみがえる古代の港 古地形を復元する ―― 石村 智
- 古代氏族の系図を読み解く ―― 鈴木正信
- 古代豪族と武士の誕生 ―― 森 公章
- 飛鳥の宮と藤原京 よみがえる古代王宮 ―― 林部 均
- 出雲国誕生 ―― 大橋泰夫
- 古代出雲 ―― 前田晴人
- 古代の皇位継承 天武系皇統は実在したか ―― 遠山美都男
- 壬申の乱を読み解く ―― 早川万年
- 苦悩の覇者 天武天皇 専制君主と下級官僚 ―― 虎尾達哉
- 戸籍が語る古代の家族 ―― 今津勝紀
- 古代の人・ひと・ヒト 名前と身体から歴史を探る ―― 三宅和朗
- 疫病の古代史 天災、人災、そして ―― 本庄総子
- 万葉集と古代史 ―― 直木孝次郎
- 郡司と天皇 地方豪族と古代国家 ―― 磐下 徹
- 地方官人たちの古代史 律令国家を支えた人びと ―― 中村順昭
- 采女 なぞの古代女性 地方からやってきた女官たち ―― 伊集院葉子
- 古代の都はどうつくられたか 中国・日本・朝鮮・渤海 ―― 吉田 歓
- 平城京に暮らす 天平びとの泣き笑い ―― 馬場 基
- 平城京の住宅事情 貴族はどこに住んだのか ―― 近江俊秀
- すべての道は平城京へ 古代国家の〈支配の道〉 ―― 市 大樹
- 都はなぜ移るのか 遷都の古代史 ―― 仁藤敦史
- 古代の都と神々 怪異を吸いとる神社 ―― 榎村寛之
- 聖武天皇が造った都 難波宮・恭仁宮・紫香楽宮 ―― 小笠原好彦
- 天皇側近たちの奈良時代 ―― 十川陽一
- 藤原仲麻呂と道鏡 ゆらぐ奈良朝の政治体制 ―― 鷺森浩幸
- 古代の女性官僚 女官の出世・結婚・引退 ―― 伊集院葉子

歴史文化ライブラリー

〈謀反〉の古代史 平安朝の政治改革―春名宏昭
皇位継承と藤原氏 摂政・関白はなぜ必要だったのか―神谷正昌
王朝貴族と外交 国際社会のなかの平安日本―渡邊 誠
源氏物語を楽しむための王朝貴族入門―繁田信一
源氏物語の舞台装置 平安朝文学と後宮―栗本賀世子
陰陽師の平安時代 貴族たちの不安解消と招福―中島和歌子
平安貴族の仕事と昇進 どこまで出世できるのか―井上幸治
平安朝 女性のライフサイクル―服藤早苗
平安貴族の住まい 寝殿造から読み直す日本住宅史―藤田勝也
平安京のニオイ―安田政彦
平安京の生と死 祓い、告げ、祭り―五島邦治
平安京はいらなかった 古代の夢を喰らう中世―桃崎有一郎
天神様の正体 菅原道真の生涯―森 公章
平将門の乱を読み解く―木村茂光
古代の神社と神職 神をまつる人びと―加瀬直弥
古代の食生活 食べる・働く・暮らす―吉野秋二
雪と暮らす古代の人々―相澤 央
古代の刀剣 日本刀の源流―小池伸彦
大地の古代史 土地の生命力を信じた人びと―三谷芳幸
時間の古代史 霊鬼の夜、秩序の昼―三宅和朗

中世史

列島を翔ける平安武士 九州・京都・東国―野口 実
源氏と坂東武士―野口 実
敗者たちの中世争乱 年号から読み解く―関 幸彦
戦死者たちの源平合戦 生への執着、死者への祈り―田辺 旬
熊谷直実 中世武士の生き方―高橋 修
中世武士 畠山重忠 秩父平氏の嫡流―清水 亮
頼朝と街道 鎌倉政権の東国支配―木村茂光
もう一つの平泉 奥州藤原氏第二の都市・比爪―羽柴直人
源頼家とその時代 二代目鎌倉殿と宿老たち―藤本頼人
六波羅探題 京を治めた北条一門―森 幸夫
大道 鎌倉時代の幹線道路―岡 陽一郎
仏都鎌倉の一五〇年―今井雅晴
鎌倉北条氏の興亡―奥富敬之
鎌倉幕府はなぜ滅びたのか―永井 晋
武田一族の中世―西川広平
三浦一族の中世―高橋秀樹
伊達一族の中世 「独眼龍」以前―伊藤喜良
弓矢と刀剣 中世合戦の実像―近藤好和
その後の東国武士団 源平合戦以後―関 幸彦

歴史文化ライブラリー

歴史文化ライブラリー

加藤清正 朝鮮侵略の実像——北島万次
落日の豊臣政権 秀吉の憂鬱、不穏な京都——河内将芳
豊臣秀頼——福田千鶴
天下人たちの文化戦略 科学の眼でみる桃山文化——北野信彦
イエズス会がみた「日本国王」 天皇・将軍・信長・秀吉——松本和也
海賊たちの中世——金谷匡人
琉球王国と戦国大名 島津侵入までの半世紀——黒嶋 敏
天下統一とシルバーラッシュ 銀と戦国の流通革命——本多博之

近世史

江戸城の土木工事 石垣・堀・曲輪——後藤宏樹
慶長遣欧使節 伊達政宗が夢見た国際外交——佐々木 徹
徳川忠長 兄家光の苦悩、将軍家の悲劇——小池 進
女と男の大奥 大奥法度を読み解く——福田千鶴
大奥を創った女たち——福田千鶴
江戸のキャリアウーマン 奥女中の仕事・出世・老後——柳谷慶子
江戸に向かう公家たち みやこと幕府の仲介者——田中暁龍
細川忠利 ポスト戦国世代の国づくり——稲葉継陽
家老の忠義 大名細川家存続の秘訣——林 千寿
隠れた名君 前田利常 加賀百万石の運営手腕——木越隆三
明暦の大火 「都市改造」という神話——岩本 馨
〈伊達騒動〉の真相——平川 新
江戸の町奉行——南 和男
大名行列を解剖する 江戸の人材派遣——根岸茂夫
江戸大名の本家と分家——野口朋隆
江戸の武家名鑑 武鑑と出版競争——藤實久美子
江戸の出版統制 弾圧に翻弄された戯作者たち——佐藤至子
武士という身分 城下町萩の大名家臣団——森下 徹
旗本・御家人の就職事情——山本英貴
武士の奉公 本音と建前 江戸時代の出世と処世術——高野信治
近江商人と出世払い 出世証文を読み解く——宇佐美英機
犬と鷹の江戸時代 〈犬公方〉綱吉と〈鷹将軍〉吉宗——根崎光男
武人儒学者 新井白石 正徳の治の実態——藤田 覚
近世の巨大地震——矢田俊文
土砂留め奉行 河川災害から地域を守る——水本邦彦
外来植物が変えた江戸時代 里湖・里海の資源と都市消費——佐野静代
闘いを記憶する百姓たち 江戸時代の裁判学習帳——八鍬友広
江戸時代の瀬戸内海交通——倉地克直
江戸のパスポート 旅の不安はどう解消されたか——柴田 純
江戸の捨て子たち その肖像——沢山美果子
江戸時代の医師修業 学問・学統・遊学——海原 亮

歴史文化ライブラリー

江戸幕府の日本地図 国絵図・城絵図・日本図――川村博忠
踏絵を踏んだキリシタン――安高啓明
墓石が語る江戸時代 大名・庶民の墓事情――関根達人
石に刻まれた江戸時代 無縁・遊女・北前船――関根達人
近世の仏教 華ひらく思想と文化――末木文美士
伊勢参宮文化と街道の人びと ケガレ意識と不埒者の江戸時代――塚本　明
吉田松陰の生涯 猪突猛進の三〇年――米原　謙
松陰の本棚 幕末志士たちの読書ネットワーク――桐原健真
龍馬暗殺――桐野作人
日本の開国と多摩 生糸・農兵・武州一揆――藤田　覚
幕末の海軍 明治維新への航跡――神谷大介
海辺を行き交うお触れ書き 浦触の語る徳川情報網――水本邦彦
江戸の海外情報ネットワーク――岩下哲典

近・現代史

江戸無血開城 本当の功労者は誰か？――岩下哲典
五稜郭の戦い 蝦夷地の終焉――菊池勇夫
水戸学と明治維新――吉田俊純
大久保利通と明治維新――佐々木　克
刀の明治維新 「帯刀」は武士の特権か？――尾脇秀和
京都に残った公家たち 華族の近代――刑部芳則
文明開化 失われた風俗――百瀬　響
大久保利通と東アジア 国家構想と外交戦略――勝田政治
名言・失言の近現代史 上 一八六八―一九四五――村瀬信一
大元帥と皇族軍人 明治編――小田部雄次
皇居の近現代史 開かれた皇室像の誕生――河西秀哉
日本赤十字社と皇室 博愛か報国か――小菅信子
リーダーたちの日清戦争――佐々木雄一
陸軍参謀 川上操六 日清戦争の作戦指導者――大澤博明
軍隊を誘致せよ 陸海軍と都市形成――松下孝昭
軍港都市の一五〇年 横須賀・呉・佐世保・舞鶴――上杉和央
〈軍港都市〉横須賀 軍隊と共生する街――高村聰史
第一次世界大戦と日本参戦 揺らぐ日英同盟と日独の攻防――飯倉　章
日本酒の近現代史 酒造地の誕生――鈴木芳行
温泉旅行の近現代――高柳友彦
失業と救済の近代史――加瀬和俊
近代日本の就職難物語 「高等遊民」になるけれど――町田祐一
難民たちの日中戦争 戦火に奪われた日常――芳井研一
昭和天皇とスポーツ 〈玉体〉の近代史――坂上康博
大元帥と皇族軍人 大正・昭和編――小田部雄次
昭和陸軍と政治 「統帥権」というジレンマ――高杉洋平